サムライに恋した英国娘

【男爵いも、川田龍吉への恋文】

伊丹政太郎＋アンドリュー・コビング
Itami Masataro & Andrew Cobbing

藤原書店

川田龍吉
（21歳。1877年頃）

ヴィクトリア時代の英国女性（1900年頃）
この物語の主人公ジニー・イーディーと同時代に生きた女性のポートレート。ジニーの写真は一枚も無く、彼女の顔かたちを知ることはできないが、この写真は、そのイメージを知るてがかりを与えてくれる。このポートレートから、ジニーの生きた時代の英国女性の服装や容貌が垣間見える。

留学時代

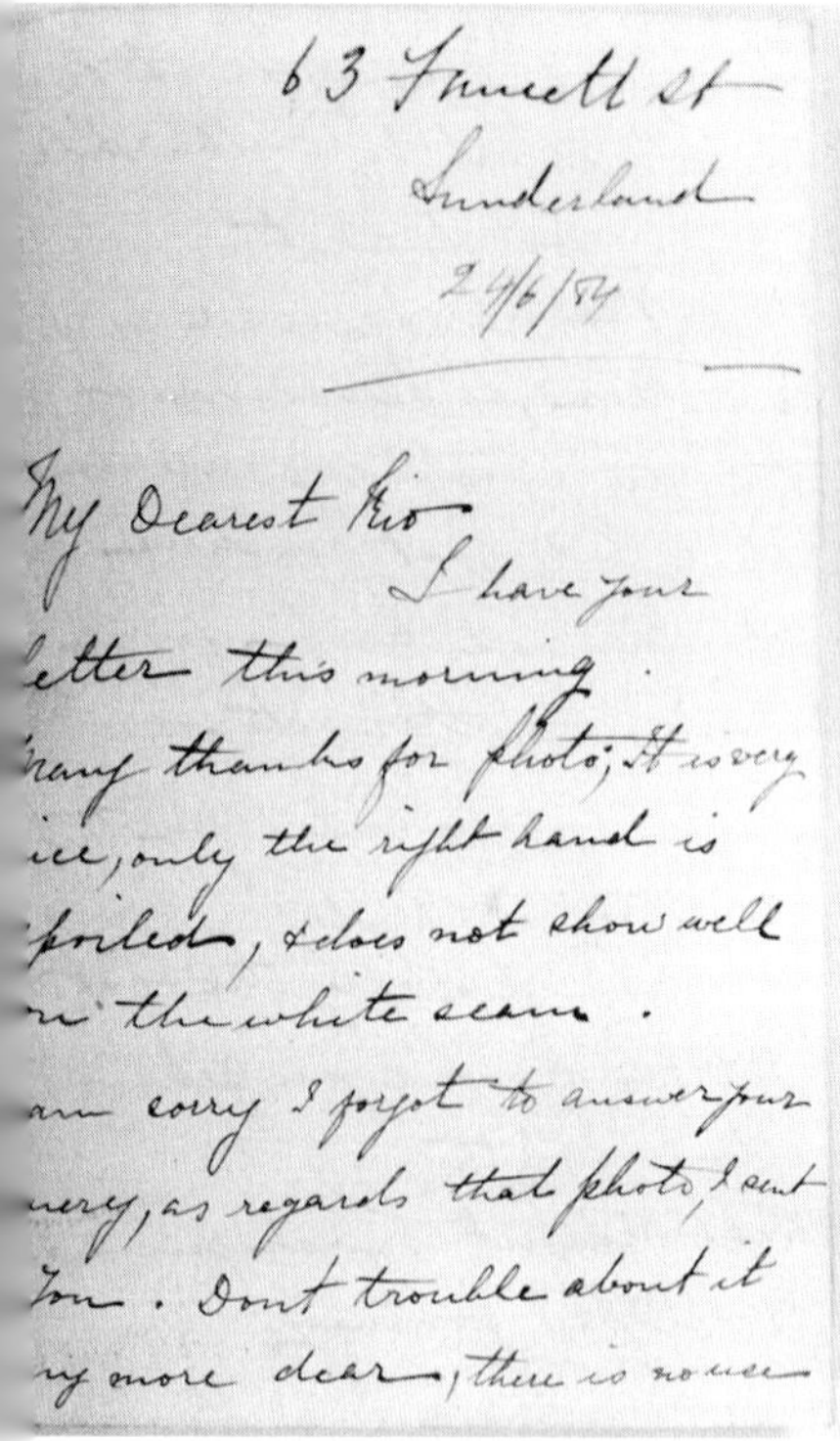

63 Fawcett St
Sunderland
24/6/84

My Dearest Rio
I have your
etter this morning.
any thanks for photo; It is very
ice, only the right hand is
poiled, & does not show well
n the white seam.
am sorry I forgot to answer your
uery, as regards that photo, I sent
ou. Dont trouble about it
ny more dear, there is no use

ジニーの最後の手紙
（1884 年 6 月）

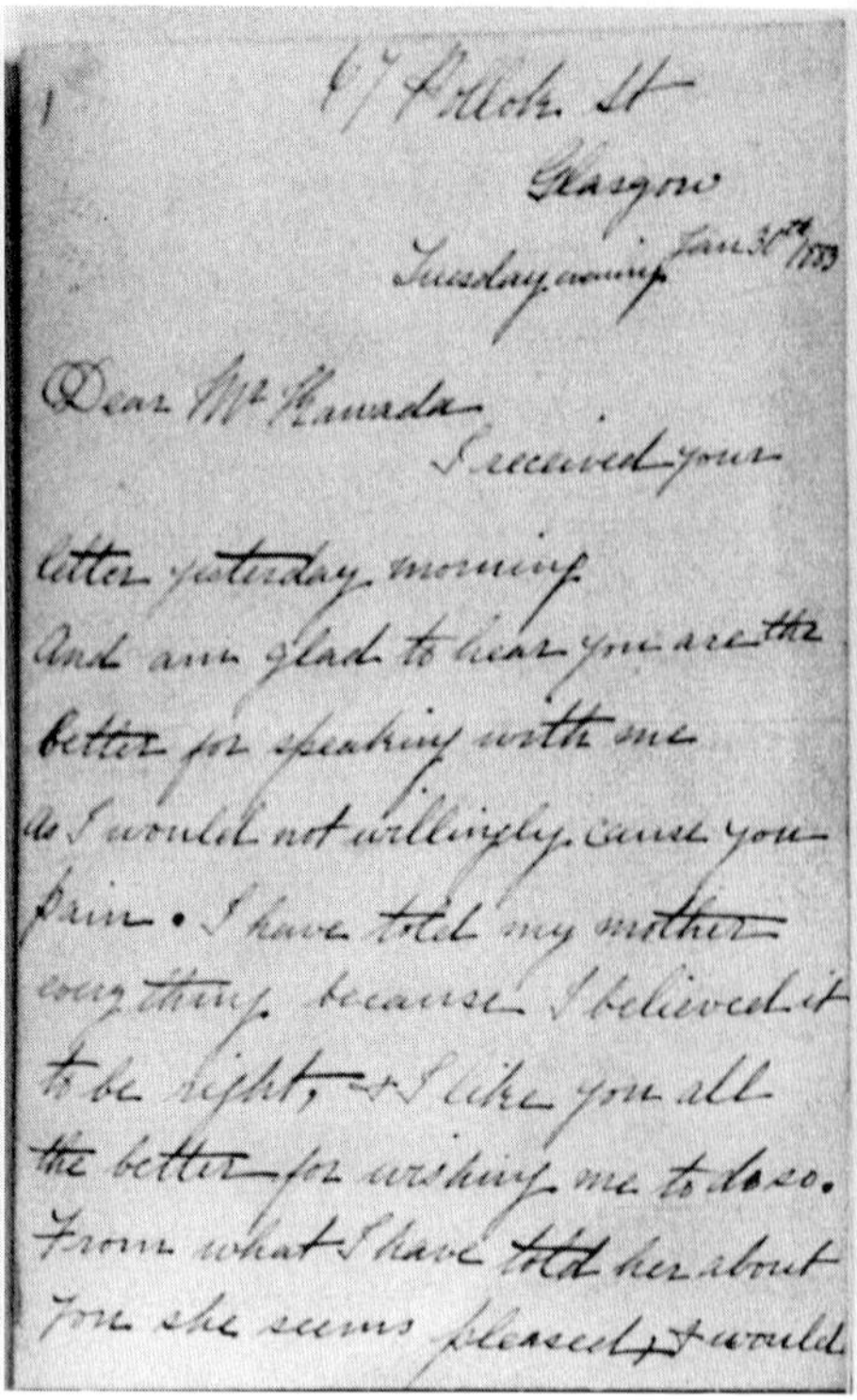

67 Pollok St
Glasgow
Tuesday morning Jan 30th 1883

Dear Mr Kawada
I received your
letter yesterday morning
And am glad to hear you are the
better for speaking with me
As I would not willingly cause you
pain. I have told my mother
everything because I believed it
to be right, & I like you all
the better for wishing me to do so.
From what I have told her about
you she seems pleased & would

ジニーの最初の手紙
（1883 年 1 月）

龍吉が滞在したスコットランド・レンフリュー
のロブニッツ造船所　（1900 年頃）

横浜時代

2号ドックへ入渠する「西京丸」
（1897年、横浜船渠会社。恩地薫氏所蔵、横浜開港資料館提供）

北海道時代

大正中期頃の川田農場
（北海道渡島当別）

川田龍吉と農夫たち
（左から3人目が龍吉。1936年、川田農場）

ジニーの金髪の入った小箱が収められていた金庫
（男爵資料館提供）

サムライに恋した英国娘／目　次

サムライに恋した英国娘

男爵いも、川田龍吉への恋文

プロローグ　小箱の秘密

農場の倉庫から発見された手紙の束

金庫の奥に隠された金髪

川田吉衛《きちえい》が謎めいた小箱を見つけたのは、北海道の農場を父、龍吉《りょうきち》から引きついだ大正十三（一九二四）年の夏だった。ちょうどパリ・オリンピックが開かれていて、北海道でも日本選手への声援が高まっていた。その日、吉衛は農場の帳簿や書類を調べようと思い、農場事務所の奥に据えられている父の金庫の前に立った。扉に金文字で「ホールズセーフカンパニー・シンシナティー」と書かれたその金庫は明治末、龍吉が横浜のアメリカ商館から手にいれた。ずっと龍吉専用の金庫であり、中に何が入っているのか、誰も知らない。吉衛も金庫に触れるのは、この日が初めてだった。

遠くでカッコウが鳴いている。ダイアル番号を合わせてハンドルを手前へ引くと、厚い扉が金属音をきしませて開いた。帳簿や書類の山、手紙の束が吉衛の目にとび込んだ。彼は農場関係の登記簿や出納帳、株券などを取りだし、目をとおしていった。

おおよそ書類を見終えたときだった。金庫の奥に小さな紙包みがあるのに彼は気づいた。包みは油紙で包装され、幾重にも紐がかけられている。吉衛は固い結び目を苦心してほどき、包み紙を開いた。赤や緑の装飾文字に彩られた美しい小箱が現れた。西洋の葉巻の箱らしい。箱はとても軽い。そっとふってみたが、ことりとも音はしない。

小箱の蓋を開けたとき、それは黄色い糸くずのように見えた。だが指で触れると、ごわごわしている。糸ではなかった。〈金髪だ〉と、吉衛は感じた。西洋婦人の毛髪に間違いなかった。

〈父の秘密を見てしまった……〉。彼は内心、後ろめたい気持を感じながら箱を元どおりに包み、金庫へおさめた。

百通の恋文の発見

農場のある当別村《とうべつ》（現在の北海道上磯町当別）は函館から西へ約二五キロ。津軽海峡に面した半農半漁の村で戸数一〇〇戸。小さな漁港があり、海岸に沿って畑地と山林がひろがっている。村人は春のニシン漁、夏のコンブ刈り、そしてダイコンやジャガイモづくりで生活の糧を得ていた。

川田農場は村の西はずれにある。農場の背後には標高五〇〇メートルほどの丸山がそびえ、山麓から海峡へ向かって、なだらかに裾野をひいている。農場は丘陵地の麓にあった。牧草地に立って丸山を見上げると山麓に赤レンガの修道院がぽつんと見えた。朝夕、祈りの時間になるとチャペルの鐘が鳴り、澄んだ音が村から海峡へ渡っていった。

農場の創設者、川田龍吉は北海道の出身ではない。彼は五十歳のとき、経営が悪化した造船所の再建を委ねられ、函館へ渡った。龍吉の生まれは四国の土佐である。幕末安政のころ高知の土佐郷士の家に生まれ、少年時代を幕末期の激動の中で過ごした。そして明治日本が近代国家をめざして歩みはじめた頃、造船を学ぶためイギリスに留学した。

龍吉は函館に着いたとき、初めて見る北海道の風景に魅せられた。郊外に広がるひろい畑地や牧草地は、かつて彼が青春時代をすごした北ヨーロッパの田園風景を思い出させた。龍吉が当別の原野を手に入れたのは明治四十二（一九〇九）年のこと。その三年後に造船所の経営から退いた龍吉は、村人の助けを借りて荒地を拓く。そして牧草地や畑地をつくり、牛舎、サイロ、農業倉庫を建設した。龍吉にとって農場経営は若い頃からの夢だった。彼は新しい農業にいどんだ。当時、日本にまだ知られていなかった西洋野菜の栽培や機械化された酪農を計画、そのためにトラクター、モア、ヘイレーキなどの農業機械をアメリカから輸入し、龍吉は二男の吉雄《きちお》をパートナーに理想の農場づくりをめざす。しかし不運にも吉雄は過労のため農場の完成を見ることなく病死した。

吉衛が小箱の金髪を目にした年、龍吉は六十八歳にたっしていたが、長年造船できたえた身体は頑健で、毎日好きな農業にいそしんでいた。金髪は吉衛が直感したように、まぎれもなく龍吉の若き日の思い出につながっている。これより四七年前、龍吉は二十一歳でスコットランドへ渡り、七年間、造船留学生としてグラスゴーに暮らした。

それから半世紀が過ぎた昭和五十二（一九七七）年の夏。旧川田農場の管理人、木村正夫は農場の倉庫で古い農機具や龍吉の遺品の整理に汗を流していた。川田龍吉の死からすでに二六年が過ぎ、ロッキード事件の初公判に日本中が注目していた年である(1)。

木村は函館の元海産商で、龍吉亡き後、川田家から農場を引き継いだ。彼は龍吉の人間像や業績に関心があり、手づくりの資料館をつくって龍吉の遺品を展示しようと考えていた。大正末期に建てられた牛舎を展示場に、二十世紀初期のアメリカ製トラクター、モア、ヘイレーキ、ハローなどを陳列する。その中には、米国でもすでに見られない珍しい農業機械があった。

農場倉庫は昭和の初めに建てられた木造建築だが、厳しい北海道の風雪に耐え当時のままの姿をたもっている。だが農場が閉鎖された後は倉庫内に人の出入りがなく、山積みの乾草の上にほこりが厚くつもっていた。土間には赤錆びた農機具が放り出され、龍吉の愛用した馬車や駕籠、文机、書棚などが乱雑に積み重ねられて足の踏み場もない。木村は農機具を種類ごとに選り分け、家具や調度品の汚れをおとした。

それが済むと蔵書の整理にとりかかった。龍吉は四、五〇〇冊以上の蔵書を遺していた。ほとんどがスコットランドの留学先から持ち帰られた書籍であり、洋書が大半をしめている。農業や園芸関係の専門書が多かったが、ディッケンズやドイルの小説もみられた。一〇〇年ちかい歳月をへた書物は傷みがひどく、湿気で反りかえったものやページがくっついた本もあった。木村は本をサイズごとにそろえ、積み重ねていった。

あらかた整理を終えたときだった。本と本の間から、厚く重ねた紙束が現れた。手紙らしい。ハガキより、やや大きめの折りたたんだカードの表裏に英文がびっしりと書きこまれている。手紙の束は厚さが五、六センチばかり、ざっと数えて一〇〇通ちかくあった。封筒は見当たらない。

手紙の宛名はリョウとある。龍吉の愛称らしい。差出人はジニー・イーディー（Jeanie Eadie）と記され、グラスゴー市ポーロック街六七番地から送られている。だが宛先の住所は書かれていない。最初の手紙の日付は一八八三年一月。最後の手紙は一八八四年六月だった。一八八三年一月といえば龍吉がグラスゴーへ留学して六年目に入った頃。そして一八八四年六月は彼が日本へ帰った年月にあたる。龍吉は帰国の一年半ばかり前にジニー・イーディーと出会い、文通をつづけたらしい。のちに手紙は整理され、断片を除いて八九通が確認された。数通の文面からつぎのような文章が目にとまった。

「ねえリョウ、あなたが馬車のことで頭を悩ませないように、とおもっています。……私が結婚するのは馬車じゃなくてリョウキチさんなのですよ。……だけど、リョウ、私をあなたの妻と呼んではいけませんわ。まだ、そうじゃありませんもの。……おやすみなさい。わたしの心はいつもあなたのもとにあります。愛をこめて、ジニー　×××××」

龍吉は生前、この手紙について何も語っていない。ジニー・イーディーという名前を聞いた者はいないし、彼の日記や手紙にもこの名は記されていない。ジニー・イーディーとの交際は龍吉の秘め事だった。

異国に渡ったサムライたち

スコットランドへ龍吉が渡ったのは一八七七（明治十）年。この頃イングランドはすでにヴィクトリア朝時代の繁栄期を過ぎ、衰退期にさしかかっていた。しかしスコットランドは農業中心の社会から工業社会へ転進し、工業国として世界の先頭にたっていた。とくに紡績工業と造船など重工業はめざましい発展をとげ、「世界の工場」と称された。蒸気機関の発明が躍進の大きい要因だった。当時、工業化の最先端にあった都市がグラスゴーであり、ロンドンにつぐイギリス第二の大都市として繁栄のさなかにあった。

富国強兵に熱心だった明治政府はグラスゴーの工業技術に目をつける。近代化に向かって進みはじめた日本は、その技術力と知識を必要とした。明治政府は多くの日本人留学生をこの都市へ送りこんだ。川田龍吉は国費留学生ではないが、彼もまた近代日本建設のために派遣された一人だった。

明治政府は海外への留学生派遣を積極的にすすめた。明治三年から明治五年までの三年間に海外渡航した留学生は七五〇人を超えている。(2) 留学先はアメリカ、イギリス、フランスを中心に、ドイツやロシアへの留学もあった。当時ロンドンには約一〇〇人の日本人留学生が学んでいた。

だが留学生にとって見知らぬ外国での生活は生やさしくなかった。故郷の友人や家族から遠く離れ、彼らは孤独な存在だった。冬の寒さに耐え、異国の文化に適応しなければならなかったし、不自由な外国語の学習も重圧となった。けれども身近な社会関係のなかで密かな楽しみを見出すこともあった。偶然の機会に英国女性との出会いがあり、しばしばロマンチックな交友関係に発展した。彼らは若く多感な青年たちだった。交際が実を結び結婚にゴールインする例もまれにはみられたが、ほとんどの場合、交際は中途で終わった。

明治初年、イギリス人女性と結婚した二人の留学生がいる。一八六八(明治元)年、英国に留学した山城国の郷士、尾崎三良《さぶろう》は一八六九年、バサイア・モリソンとロンドンのパリッシュ教会で結婚式を挙げている。[3]また一八七二年には長州藩士だった南貞助が英国女性エリザ・ピットマン(Eliza Pitman)と結婚した。[4]

だが彼らは英国女性とのロマンスについては口を閉ざし、何ひとつ語っていない。尾崎三良の自伝には結婚のことも、妻の名前も書かれていない。しかし彼らが英国娘と恋に落ち、結婚したのは事実である。国を超え文化の壁を乗りこえて若い男女は結ばれた。彼らは手紙を交わし、日記にも記したことだろう。しかし、日本人留学生と英国女性との交流記録や史料は皆無にちかい。

当時の留学生は士族の出身が多く、彼らは幼いころから武士として教育された。サムライだったが故に、女性との恋愛関係を他人に語ったり、文字にして残すことはあり得なかったのかもしれない。女性から受けとった手紙も処分したのだろう。当時の日本人の感覚では、外国人女性との恋愛はいわばスキャンダルとして受けとめられた。たまたまそうした手紙や日記が遺されたとしても、家族や親族によって隠蔽《いんぺい》された場合が多い。

北海道、旧川田農場で発見されたジニーの手紙はヴィクトリア時代のグラスゴーに生まれた十九歳の女性、ジニー・イーディー(正式名ジェーン・イーディー)が日本人留学生、川田龍吉に送った恋文である。文通は一年半におよび、出会い、恋、プロポーズ、別離にいたる過程がつづられている。そして教会での出来事や龍吉への想い、彼女自身の気持などをとおして日本人や日本人社会への感情が生の声で語られている。そこには恋の相手が日本人だという意識はまったく感じられない。

ジニーの手紙の価値は史料的な珍しさもあるが、手紙に託された一人の女性の生の声が時代や文化の壁を越えて読者の心に響いてくる点にある。十九世紀のグラスゴーでまったく異なった文化背景をもった二人の男女、明治の日本人男性とヴィクトリア時代のイギリス人女性が、互いの文化、社会、慣習の壁を乗りこえて人間関係を築きあげた物語は、日英文化交流史における異色のケーススタディだといえるだろう。

さて、この物語の主人公川田龍吉は、なぜグラスゴーに留学することになったのか？ そして、いつ、どのようにジニー・イーディーに出会ったのか？ しかし、そのことについて語る前に龍吉が少年時代を過ごした幕末動乱期の土佐から話を進めたい。

1

激動の時代

1836-1874

土佐杓田村の川田屋敷
（明治中期に増改築された）

土佐・杓田村

四国の南半分を占める土佐は日本で最も日照時間が長く、土佐湾沖を流れる黒潮の恵みをうけて冬でも暖かい。南は太平洋に面した長い海岸線、北には標高一〇〇〇メートルを超える四国山地。海と山にはさまれた空間に小さな平野が散在している。険しい四国山地を鉄道が貫いて、高知県と香川県を結んだのは昭和十一（一九三六）年。それまで土佐の表玄関は海だった。土佐湾のほぼ中央に高知平野へ向かって深く切れこんだ湾、浦戸《うらど》湾がある。古代から京大坂の文化はこの湾から土佐へ入り、土佐の物産は浦戸から江戸大坂へ運ばれた。

高知平野から浦戸湾に向かって四本の川が流れこんでいる。その川のひとつ、鏡川《かがみがわ》をすこし遡った辺りに土佐藩主、山内氏の高知城があり、城を囲んで城下町が発達していた。藩主、山内氏は石高二十四万石、日本の封建領主の中でも力の強い大名だった。十九世紀半ば、土佐の人口はほぼ五〇万人、城下町は武家町家あわせて戸数三六〇〇戸を数えた。町のまわりは農村が取り囲んでいた。

川田龍吉は安政三（一八五六）年、土佐郷士川田小一郎《こいちろう》、美津《みつ》の長男として高知城の西、杓田村《ひしゃくだ》（現在、高知市旭元町）に生まれた。杓田村は城下町の西、二・五キロに位置し、村の広さは約四平方キロ。南は鏡川、北は四国山地につながる丘陵に接している。この辺り、鏡川流域の平野は土地が肥え、水にも恵まれていたから稲作は二毛作で、麦、サツマイモ、野菜類など畑作物もよくとれた。早くから先進的な野菜産地として知られ、ネギ、ダイコン、ナス、キュウリなどが商品作物として城下

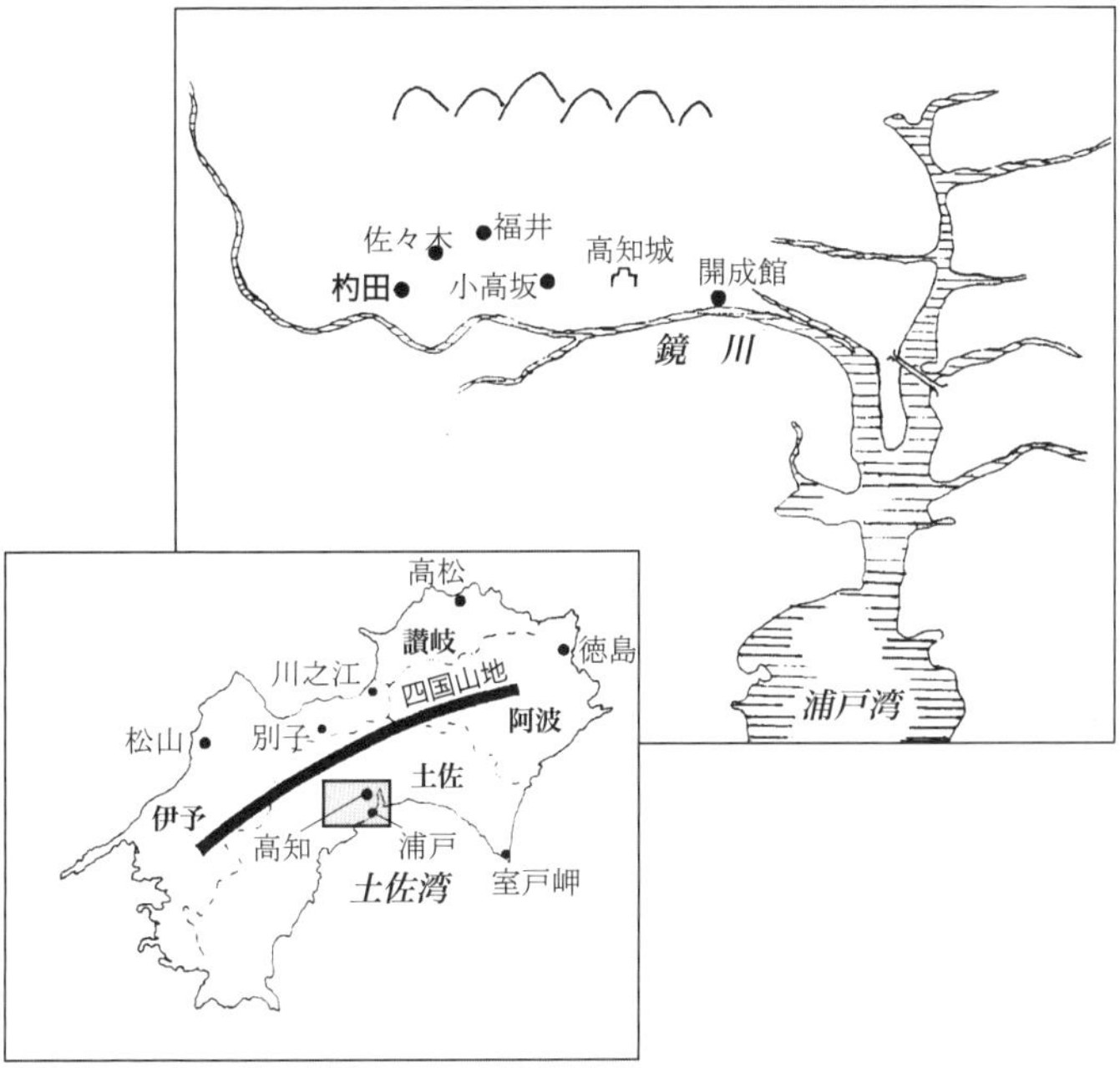

幕末期の土佐と高知周辺

町へ出荷された。村の若者たちは小遣い銭が欲しくなると城下へ自家野菜を売りにでかけたという。龍吉も野菜で小遣い稼ぎをしたことだろう。

土佐郷士は身分的には武士だが、日々の糧は農民と同じように田畑を耕して得なければならなかった。川田家も三、四町歩の田畠を所有していたらしい。郷士の身分は「半農半武」だった。江戸時代初期に藩主山内氏が郷士制度を定めたとき、郷士は最低三町歩の農地を耕さなければならないとされ、未開の荒れ地を拓いて新田開発につとめた。

川田家は戦国時代の武将、明智の一統と伝えられ「桔梗」の家紋をもつ。先祖は長宗我部《ちょうそがべ》氏(1)の家臣だったが、豊臣秀吉が徳川家康に敗れたあと土佐の領主になった山内一豊《かずとよ》によって長宗我部の家臣は土地知行権を奪われ、その多くが郷士となった。自営農民となった旧家臣のある者は庄屋や年寄として村の行政にかかわるようになる。川田家も代々「村年寄」を務め、庄屋をたすけて年貢の徴収や水田の水管理など村の実務にたずさわっていた。

土佐郷士の生活

川田小一郎は天保七(一八三六)年の生まれで二十歳のとき美津と結婚した。その翌年、長男龍吉が生まれた。小一郎は若くして川田家を継いだが、龍吉が誕生したころ一家は貧しかった。借財を背負っていたのである。小一郎は二男で、元之丞という義兄がいたが、義兄は他家へ養子に入ったため小一郎が家督を相続した。ところが義兄は再び川田家に戻り、金品を持ちだしたり借金を重ねて小一郎を苦しめる。弟もまた放蕩者だった。小一郎は兄弟と義絶する。

小一郎の妻、美津は夫の二歳年下で働き者だった。夜の明けないうちに起きてカマドに火を入れ朝げの支度にとりかかる。小一郎や龍吉が起きるころには家中にハタキをかけ、ほうきの音を響かせた。朝げのあと、美津は田畑へ出かけて暗くなるまで働き、夜は縫い物、糸繰り、機織りに精をだした。また山へ入って楮《こうぞ》の木の皮剥ぎをすることもあった。土佐紙の原料、楮の皮はよい値で売れた。

それでも暮らしは貧しく、食生活は質素をきわめた。朝はカユ、昼は麦飯、夕飯にやっと味噌汁がついた。晩年、龍吉は「イワシの話」をしばしば子供や孫に話している。当時、一家ではまれに一盛の塩イワシが食ぜんにのることがあったが、イワシは一度に食べないで何回にも分けて食べた。その体験を龍吉は「最初はイワシを見ているだけ。それからチョビチョビ手を付けてゆく。最後に残った骨は湯漬けにして食べてしまう」と語っている。かなり誇張された話だが、当時の貧乏郷士はイワシでさえ容易に口にすることができなかったのだろう。

父・川田小一郎(明治28年頃)

衣服もまた質素だった。美津は冬でも単物《ひとえ》しか着られなかったらしく、龍吉は母が「いつになったら袷《あわせ》が着られることやら」とぼやくのを耳にしている。いくら南国でも単の着物で冬を越すのはつらかっただろう。龍吉も母が織った手織木綿のツンツルテンを身につけていた。

小一郎は二人の息子を武士の子として厳しくしつけた。龍吉は二歳年下の太米吉《ためきち》とよく取っ組み合いのけんかをしたが、父は兄弟げんかを目にすると厳しく叱り仕置きした。龍吉と太米吉を向かい合わせ、二人の髻《もとどり》を小一郎がにぎりしめて額と額をぶつけるという手荒な折檻で、のちに龍吉はこのときの痛さだけは忘れられないと語っている。

龍吉はおよそサムライの子らしくない子供だった。よちよち歩きのころから、母のあとを追って野良へ行き土いじりを楽しんだ。生まれつき土が好きであり、百姓向きの子だった。郷士の息子は剣術道場へ通ったが、彼は剣術に興味を示さなかった。年中、作物の生長を眺めて育った龍吉は五、六歳のころには自然の摂理を肌身に感じとっていた。土を起こし種を播くと、太陽と水が作物を育ててくれる。農作物は人と自然の関わりの中から生まれた。この天性の農夫型人間は幼いころから百姓仕事で鍛えられ、土との関わりの中に自分を見出した。

土佐勤王党

静かな土佐の田舎に時代の変化を知らせたのは鉄砲の音だった。このころ土佐でも開港を求める外国の圧力に対して脅威論が高まり、鎖国か開国かをめぐって激しい議論が渦まいていた。

龍吉が生まれる二年前、七隻の黒船艦隊をひきいたペリーの来航があり、幕府は安政元（一八五四）年、日米和親条約（神奈川条約）に調印する。さらに米国は自由貿易港の開港を求め、日米修好通商条約の締結をせまった。老中堀田正睦《まさよし》[2]は通商条約を調印するため天皇の勅許を得ようとする。だが孝明天皇は極端な外国人嫌いであり、条約調印を許さなかった。ところが安政五年、大老に就任した井伊直弼《なおすけ》は天皇の勅許を得ず通商条約に調印する。天皇は激怒した。徳川斉昭《なりあき》、松平慶永《よしなが》、山内豊信《やまのうちとよしげ》[3]ら各藩大名も幕府をきびしく糾弾する。幕府を批判した大名のおおくが謹慎、隠居を命じられた。藩主が厳しい取り扱いをうけた藩では、幕府権力者への激しい敵意を藩士に目覚めさせた。条約三港の開港にも非難があつまった。違勅調印は日本の政治構造を根底からゆるがしはじめ、「尊王攘夷」の旗印のもと、外国を排斥し天皇をあがめる政治運動に高まってゆく。尊王攘夷運動は水戸、薩摩、長州、そして土佐へと広がった。運動の原動力は、どの藩も下級武士だった。川田龍吉はこのように、日本が幕末の動乱期に突入した時代に育った。

土佐で尊王攘夷運動が高まったのは文久元（一八六一）年頃である。「土佐勤王党」が結成され、郷士、庄屋を中心に一九二人が血書し尊王を誓う。党首は郷士、武市瑞山《たけちずいざん》（半平太）。剣道にすぐれ、江戸桃井塾で塾頭をつとめた。のちに薩長同盟を仲介する坂本龍馬、中岡慎太郎もこのとき勤王党に加わった。武市半平太は土佐藩に対し、尊王攘夷の方向へ向かうよう働きかける。しかし藩は半平太の主張に耳をかさなかった。土佐領は藩祖、山内一豊が関ヶ原合戦の功績により徳川家康から賜った領地であり、山内家には徳川家への恩義があった。

勤王党が結成された年、龍吉は数え年六歳になった。母を助け畑仕事に熱中していたが、時々いたずら仲間と連れ立って鏡川へ水遊びに出かけたり、裏山にウサギを追いに行った。山では鉄砲を手にした男たちによく出会った。射撃訓練に山へはいる勤王党の若者たちだった。龍吉の村に徳弘董斎《とくひろとうさい》という砲術家が住んでいた。董斎は時どき裏山へ大筒を運び、試し撃ちをおこなった。試射の日、砲車に乗せられた大筒は弟子たちによって山へ運ばれた。龍吉たちもその後ろから従った。射場に砲車が据えられると、子どもたちはその周りを遠巻きにし、発射の瞬間を見守った。やがて轟音を発して大筒は火を噴き、山々に砲声がこだました。龍吉は血がたぎるのを感じた。

杓田村の北に福井村という山村がある。この村に国学者、鹿持雅澄《かもちまさずみ》(4)が古義軒《こぎけん》と名づけた塾を開いていた。鹿持は日本を代表する国学者の一人で万葉集の研究で知られている。国学は古事記、万葉集などの古典にもとづき日本固有の文化と精神を探求する学問で、土佐では十八世紀後半から盛んになり郷士や庄屋など村の知識人層に浸透した。武市半平太をはじめ勤王党の郷士庄屋は鹿持から国学を学んでいた。彼らは国学をとおして自らの社会的地位や使命を見直し、国家社会をみつめる視点として幕府否定の理論へ発展させた。

勤王党が郷士など下級武士によって結成された背景には山之内侍とよばれる藩士との対立がある。土佐藩は二五〇年間、藩士を上士、郷士を下士と称し徹底的に差別した。藩士は高知城下の武家町とよばれる特別な地区に住み、郷士や町人は武家町へ立ち入ることさえ許されなかった。郷士は足駄をはくことが禁じられていたため、雨天でも裸足で歩かねばならなかった。衣服は木綿に限られ、絹物を着ることは許されなかった。二五〇年におよぶ身分差別は不平不満の塊となって郷士に鬱積し、彼らの恨みは爆発寸前に達していた。土佐の尊攘運動は、郷士の怨恨が尊攘思想と結びつき、政治結社、土佐勤王党に発展した。

勤王党の詰所は杓田村の隣り村、小高坂《こだかさ》村にあった。龍吉の通った寺小屋もこの村にあり、塾への往き帰りに彼は勤王党の若者とよく出会った。詰所の前を通ると、議論する党員たちの大声が聞こえてきた。文久元年から二年にかけて土佐の尊攘運動は高潮し、龍吉は騒然とした時代の空気を感じとっていた。数え年七歳の龍吉に尊王攘夷思想は理解できなかったが、いわば兄貴分にあたる勤王党の若者の言動に刺激され影響をうけた。生涯龍吉は天皇を崇拝しつづけたが、その心情はこの時代に培われている。

文久の頃から薩長の尊攘派は過激化しつつあった。尊攘志士たちは天誅《てんちゅう》と称し、幕府役人や公卿をつぎつぎに暗殺する。イギリス公使館が焼き討ちされ、外国人の殺傷事件が相次いだ。文久三年六月、長州藩が下関海峡を通過する外国船を砲撃すると、その報復として米軍艦が長州砲台に反撃し、フランス軍艦も長州砲台を占領する。その一ヵ月後には前年、神奈川ちかくの生麦村でイギリス商人が薩摩藩士に殺害された報復として、英国艦隊七隻が薩摩藩砲台を攻撃。薩摩砲台は壊滅した。

小一郎の選択

このころ龍吉の父、川田小一郎は二十七歳。坂本龍馬よりも一歳、武市半平太より五歳若い。だが小一郎は勤王党の活動に興味も政治的好奇心も示していない。小一郎は政治の世界より実業の世界に関心があった。彼は前々から土佐藩の藩庁に出仕し、藩内で地位を得たいと考えていた。勤王党員が尊攘運動に向かっているときも、彼は藩の権力構造の一員として自分の能力を試すことにねらいを定めている。しかし郷士であるが故に、能力があっても藩庁への出仕は容易にかなわなかった。

龍吉が生まれた頃、小一郎は山内家の北屋敷へ出入りを許されていた。水汲みや薪割りなど下働きの仕事をまかされていたにすぎないのだが、小一郎にとって仕事の中身は問題ではなかった。彼の目的は家中の者に近づき、顔見知りになることだった。

小一郎が北屋敷への出入りを許されたのは藩士、佐々木三四郎(5)（高行）の推薦によるものだった。佐々木の屋敷は杓田村の近くにあり、小一郎は三四郎から文字を習っていた。彼の少年時代、天保年間は日本中が凶作飢饉に襲われ、人びとは生きるだけで精いっぱいの状態だったから、小一郎も寺小屋へ通うどころではなかった。だが、小一郎が三四郎に文字を習い、佐々木とつながりをもったことが彼を開運へみちびく。

佐々木三四郎は小一郎よりも六歳年上で馬廻役一五〇石取りの家臣である。彼は国学を鹿持雅澄に学び、やがて上士出身の尊攘派として土佐藩内の保守派と勤王党の間に立ち活動する。小一郎が三四郎と知りあったいきさつは分からないが、村年寄という役目柄、佐々木屋敷に出入りしていたのだろう。三四郎は小一郎に算術を教えるが、やがて小一郎が計算能力にすぐれ、経済的才覚をもっているのに気づく。

安政五（一八五八）年頃、小一郎は佐々木三四郎の推挙によって藩庁の会計方への出仕がかなえられ、財務や税関係の仕事に就く。そしてその後、勧業局へ移り、土木や鉱山事業の実務にかかわりながら能力を発揮してゆく。文久二（一八六二）年頃、小一郎は参勤交代の荷物輸送の差配を命じられ、大量の荷物を四国山地の山越えによって運ぶことに成功する。参勤交代では藩士、足軽、用人、料理人など総勢二〇〇〇人以上が高知から江戸まで藩主に随行するため、その荷物は膨大な量に達した。元禄頃までは四〇隻以上の船によって大坂まで海上輸送されたが、海のルートは天候に左右されやすく輸送日程が不安定だった。そのため享保年間に四国山地を横断するルートが開かれ、陸路による輸送がはじまる。しかし標高一〇〇〇メートルの四国山地を数百頭の駄馬を連ね、高知から伊予川之江まで大量の荷物を運ぶのは難事業だった。藩は困難な北山越えの荷物輸送を成功させた小一郎の手腕をたかく評価した。

父が参勤交代の貨物輸送に苦労していたころ、龍吉は寺子屋へ通いはじめた。土佐では子どもが七、八歳になると寺子屋へ入れ、読み書きやソロバンなどを習わせる。当時、高知周辺の寺子屋や私塾は四十二塾を数え、女子の寺入りも多かった。しかし龍吉の村に寺子屋はなかったので、彼は隣村、小高坂村の山本恒五郎塾へ入ったようだ。土佐の寺子屋はたいてい男女共学だったが、山本塾には男ばかり六〇人ほどの子どもがいた。龍吉は寺子屋で手習と素読《そどく》をまなんだ。素読は文の理解はさておいて、師匠が読みあげる漢文を子どもが復唱する。文の意味は分からなくても、音読をくり返すうちに子どもは文を暗記した。龍吉は二年ばかり寺子屋へ通ったのち城下の塾へ入り、儒学や国学を身につけた。彼が入った塾は高知城下、升形《ますがた》にあった福岡孝済《こうさい》塾とみられ、塾生二三〇人の大きい塾だった。龍吉は学業の日々を城下町で過ごしながら勤王党の闘いを見ていた。

明治前夜

鹿児島と下関でイギリスやアメリカの軍艦に報復され、苦い経験を味わった薩摩藩と長州藩は、外国勢力との和解に向かって乗りだしていた。長崎、横浜、函館の条約三港では、幕府や各藩が中古の蒸気船や軍需品を買うため、活発に武器購入を競っていた。勤王党員だった坂本龍馬は長崎で海援隊を組織し、船会社をつくるため忙しく働いていた。そして薩摩藩と長州藩の調停をめざして中岡慎太郎と連絡を保ちつつ精力的に活動をつづけていた。慶応二（一八六六）年初めには薩長同盟の枠組みが形づくられつつあった。

慶応二年、巨大な建物が高知城の東、九反田に姿をあらわす。「開成館《かいせい》」とよばれ、藩営事業の拠点として後藤象二郎(6)らによって建設された。龍吉も友人たちと見物に出かけた。建物が建つ鏡川の川岸は人波でごった返していた。龍吉は開成館を見たとき、土佐に大きい変化が起こっているのを感じた。開成館には軍艦局、貨殖局、勧業局、火薬局などを中心に鉱山局や山林木材を管理する局があり、さらに外国から船や武器を買い入れるため長崎と大坂に「土佐商会」と名づけられた支社が置かれていた。この土佐商会をとおして藩は慶応三年、イギリス商人グラバーなどから艦船や銃砲を購入し、巨額の代金を支払っている。その内訳は、砲艦「南海」、帆船「大坂」など六隻の購入代金が三三万ドル。他に大砲一〇門、小銃一五〇〇挺、ライフル銃一三〇〇挺などの支払金もあった。土佐藩では薩長対幕府の戦争が近いと予想し、対幕戦争への備えとしてこれらの武器を調達した。武器の購入代金に充てるため、藩は特産品の樟脳、和紙、鯨油などをプロシャ、オランダなどへ輸出するが、軍艦武器の支払金にはとうてい及ばなかった。藩の財政はたちまちひっ迫し、代金をまかなうための藩札を大量に発行する。藩札には正貨の裏付けがなく、その大量発行はたちまちインフレーションを引き起こした。物価高に苦しむ庶民は巨大な開成館を見上げて「阿房館《あほうかん》」とよび、あざ笑った。

時代は急速に激しく動いた。大政奉還のあと王政復古が宣言され、鳥羽伏見の戦が勃発する。幕府軍一万五〇〇〇に対し、薩長を中心とする討幕軍(官軍)は五〇〇〇だったが、武器や装備、組織力にまさる討幕側が勝利した。

鳥羽伏見の戦で土佐藩の分遣隊は山内容堂の戦闘不参加の命令を無視し、薩長軍とともに戦った。新政府は土佐藩に対し松山、高松二藩の攻撃を命じる。両藩はともに徳川親藩である松平氏の支配下にあった。土佐藩は郷士を中心に六〇〇人の迅衝隊《じんしょうたい》を編成し、大隊司令に乾退助《いぬいたいすけ》(板垣退助)(7)を任命、高松へ派遣する。また松山へは深尾佐馬之助《ふかおさまのすけ》のひきいる別働隊を送った。しかし、高松藩も松山藩も土佐軍が到着する前に城を明け渡し降伏した。深尾隊ではそのあと、別子《べっし》銅山を接収するため隊員の中から少数の兵を選び別子へ向かわせる。別子銅山は松山から東へ二〇キロ、四国山地の山中にあり、年間一三〇〇トン以上の銅鉱石を産出する日本最大の銅山だった。鉱山は大坂の大商人、住友家によって管理されていたが、新政府はこれを無傷のまま抑えることを命じた。

このとき別子銅山接収隊をひきいた隊長が川田小一郎だった。長年、藩の鉱山監督をつとめ四国山地の地理にも明るい小一郎はこの年、三十二歳。銅山接収の任務は適役だった。やがて目的地に到着した小一郎の一隊は銅山の封鎖にとりかかり、山を新政府へ移管するため住友との交渉に入った。ところが封鎖を実行しようとした土佐兵に鉱夫たちは抗議し、接収に強く抵抗する。鉱夫は鉱山の差し押えによる失業を恐れていた。別子銅山には約四〇〇〇人の鉱夫が働いている。もし鉱夫らが実力阻止に出た場合、わずかな土佐兵で抑えることは不可能であり、騒乱になれば土佐藩の責任問題となる。

小一郎は鉱夫の抗議にすぐ対応した。一旦、兵を引きあげ接収を中止したのである。そして住友家の差配で銅山の責任者でもある広瀬宰平《さいへい》(8)から事情を聞いた。広瀬は「このところ戦乱つづきでしばしば操業が止まり、日々の糧が得られない鉱夫は飢えに苦しんでいる」と実情を説明、「鉱夫の暮らしを維持するため、操業を続けさせてほしい」と嘆願した。小一郎は鉱夫の苦境を救うため、急きょ松山から救援米を別子へ送らせた。鉱夫四〇〇〇人の反乱は、小一郎の決断によってひとまず回避された。

だが銅山の帰属問題はまだ未解決だった。住友家は従来どおり銅山経営の継続を強く望んでいた。そこで小一郎と宰平は解決策を新政府の議定《ぎじょう》(議政官)三条実美《さねとみ》(9)と話し合うため大阪へ行く。宰平は副総裁、岩倉具視《ともみ》(10)にも働きかけた。その結果、住友は別子銅山を「当分、従来のごとく営業すべし」との太政官沙汰書を取得する。小一郎は住友と藩の信頼をえた。その年の秋、小一郎は藩士に昇格し、鉱山局の監督官に任命された。

慶応四(一八六八)年、五か条の誓文が出たあと江戸は東京に改まり、慶応から明治に改元された。

新しい日本が顔を見せはじめた。土佐でも改革は急ピッチに進められていた。藩士だけの特別地区だった武家町にも、百姓町人が自由に出入りできるようになった。藩士は華族と名が改まり、商業が営めるようになった。藩は藩営商社、開成館の改革をすすめる。長崎の土佐商会を閉鎖して大阪の土佐商会に統合、商業活動の拠点を大阪においた。兵庫開港のあと、外国貿易の中心は長崎から大阪へ移っていた。

三菱勃興

長崎の開成館土佐商会を指揮していた人物は、後に三菱王国を創りあげた土佐藩郷士、岩崎弥太郎(11)である。弥太郎は身分こそ低かったが、ビジネスに対する鋭い感覚と能力によって藩内の評価が高く、外国商人にも信頼されていた。明治二（一八六九）年、岩崎弥太郎は大阪土佐商会の責任者として着任し藩士に昇格したあと、総支配人として商会の運営にあたる。商会の本拠は西長堀の土佐藩蔵屋敷におかれ、土佐から木津川を遡って運ばれた米、材木、鰹節などの産物は、長堀川の岸にならぶ十数棟の蔵に荷揚げされた。弥太郎はこれらの産品を商人に販売し、外国商館とも取引する。また諸藩へ資金を貸し付けるなど商業活動を活発におこなった。

川田小一郎が岩崎弥太郎に出会ったのはこの頃らしい。明治二年ごろ、小一郎は別子銅山問題の処理のため大阪へ出向くことが多かった。二人の出会いは後の三菱の発展に大きい影響をおよぼす。二人の男には共通点があった。どちらも郷士の出身であり、仕事は異なっていたが藩の事業をとおしてビジネス体験をつんでいた。将来、産業と貿易の発展が時代を導くと考えていた点も共通していた。二人はたちまち意気投合する。

弥太郎はビジネスとともに、教育にも関心があった。かつて長崎土佐商会にいた頃、すでに英語学校開設の構想を抱いている。条約港が開港する以前、西洋事情に関心をもつ者が学ぶ外国語はオランダ語であったが、横浜や兵庫が開港するとオランダ語は役に立たなくなった。このころ条約港の居留地ではイギリスとアメリカの商館が多くなり、ビジネス取引には英語が必要となった。開港から四年後の文久三年に横浜の英国商館は一六社を数えるようになり、居留地では一四〇人のイギリス人が住んでいた。日本商人は商取引に英語が欠かせないことを知り、進歩的な各藩では英語教育に取り組みはじめていた。

弥太郎の夢は、ふるさと土佐に英語学校をつくり、英語を話せる青年を育成することだった。弥太郎は長崎時代、アメリカ人宣教師グイド・フルベッキの学識にひかれ、彼を高知に招こうとしたが断られる。大阪に移ったあと再びフルベッキを誘うが、彼は政府のお雇い教師になり東京へ去ってしまう。だが弥太郎は英語教育への夢をあきらめなかった。明治三年頃、彼はアメリカ人教師ヘースを大阪に招き、土佐藩蔵屋敷に教室を設けて英語塾をひらいたのである。ヘースがどのような人物だったのか、記録がまったく無いため分からないが、塾生だった近藤廉平《れんぺい》(12)が手紙にドクトル・ヘースと記しており、医師だった可能性が高い。ヘースの英語塾には六人の若者が入塾したが、その中に川田龍吉もいた。

明治三年、数え年十五歳になった龍吉は父が大阪で藩の仕事をしている間も杓田村で母、美津と弟の太米吉とともに三人で暮らしていた。この年美津は三男の豊吉《とよきち》を出産し、川田家は五人家族となった。間もなく龍吉は父に従って大阪へ行くことになり、その一年後に母の美津と生まれたばかりの幼い弟も大阪へ移る。しかし二男の太米吉は土佐に残り、川田家の家屋敷を継いで生涯、土佐で過ごすことになる。

龍吉に英語を学ばせようと考えていた小一郎は、高知に戻ったとき、息子を大阪へ伴う。この旅には、二人のほかにヘース塾に学ぶ五人の少年がいた。弥太郎の弟である岩崎弥之助《やのすけ》、後の首相吉田茂の兄の竹内明太郎《めいたろう》、後に自由党幹事をつとめた林包明《ほうめい》などだった。一行は高知から船に乗り、船中で一泊したあと大阪湾に着いた。そして小船に乗りかえて木津川をさかのぼり、長堀川の土佐藩蔵屋敷へ着いた。少年たちはその日から藩邸に住み込み、英語学習に励んだ。

三菱が東京へ移転する明治七（一八七四）年までの約四年間、龍吉は大阪の藩邸で仲間と寝起きをともにし、ヘースから英語を学んでいる。この間、弥太郎の弟、弥之助はアメリカへ留学するが、他の塾生たちはヘース塾で勉学をつづけた。龍吉はヘースから学んだ以外に英語を習っていないが、のちにスコットランドへ留学したとき彼は自由に英語を話している。ヘースは日本人が英語圏へ行ってもすぐに役立つ実用英語を教えた。

土佐商会は明治三年、新政府の藩制改革によって藩営事業が禁止されたため、藩から切り離して「九十九《つくも》商会」に名を改め、引きつづき弥太郎が経営にあたることになる。九十九とは土佐湾の九十九洋《つくもなだ》に因んだ呼名であるが、九十九商会では藩から三隻の汽船を借り、事業の中心を海運業として展開をはかる。ところが、明治四年の廃藩置県により、藩から借用した船を政府へ返納しなければならなくなり、九十九商会は窮地におちいる。しかし板垣退助や後藤象二郎をとおして政府側と交渉した結果、汽船二隻が九十九商会へ払下げと決まる。政府へ支払う船価四万両は、弥太郎の借金という形で藩が肩代わりすることになった。藩や政府が船の払下げに便宜をはかったのは、廃藩によって生活の道を断たれた旧藩士に職をあたえるための配慮だった。小一郎もこのとき九十九商会に加わり、以後弥太郎と苦楽を共にする。

九十九商会は独立後、藩から譲渡された大阪蔵屋敷を拠点に高知阪神間の定期航路を発展させ、樟脳や生糸の事業、紀州の炭鉱経営に乗りだす。鉱山事業はその後、吉岡銅山を買収し、近代的採掘法の採用によって月産七〇〇〇トンの生産量を達成した。これらの鉱山経営は、すべて川田小一郎の指揮のもとにすすめられた。後に長崎の高島炭鉱を開発し、三菱のドル箱とよばれるまでに発展させたのも川田小一郎の手腕によるものだった。

その後、九十九商会は社名を一時、三川《みつかわ》商会と称したが、明治六年に「三菱商会」に改める。そしてその翌年の明治七年、三菱はさらなる飛躍を期し本拠地を大阪から東京へ移す。

このとき川田家も一家そろって東京へ転居した。小一郎はすでに管事の地位にあり、鉱山経営を総括していた。東京へ移って川田家の暮らしぶりは東京風の上流生活に変わっていった。小一郎は三菱本社に近い神田表神保町に邸を買い入れる。久しぶりに一家の顔はそろったが、邸には大勢の女中や下男、料理人や馬丁などが住み込み、大勢の客が出入りした。小一郎は自宅へ友人や顧客を招いて商談や会食を共にするのを好んだ。かつて貧乏郷士だった頃の面影はなく、その暮しぶりは、豪商を思わせた。

明治七年、三菱は「台湾征討」に際して政府の軍事輸送を受託し、政府が外国から買上げた一三隻の汽船をつかって兵員武器の輸送にあたる。このとき政府が購入した一三隻の船は事件解決後、無償で三菱に払下げられた。さらに政府は当時最大の船会社だった「日本国郵便蒸気船会社」に解散を命じ、同社の所有船一八隻を買上げたのち、その船舶を三菱に貸与する。こうして三菱会社は四〇隻以上の船舶を保有する日本最大の海運会社となり、三菱財閥の基礎が築かれた。

2

海を渡った留学生

1874-1883.3

ロブニッツ造船所全景（1960年頃）

造船留学

明治七（一八七四）年に龍吉が上京した頃、文明開化の波が東京に押しよせていた。彼は四年間大阪で過ごし、上京したとき十八歳になっていたが、東京へ来てみると町の様子にすこし戸惑った。大阪はまだ明治前の雰囲気を漂わせていたが、西洋の生活様式を移入した東京の都心には明治政府の方針が反映されていた。銀座の街は洋風煉瓦づくりの建物がならび、都会風に洗練された洋服姿の青年たちが通りをかっ歩している。どの若者も毛髪を短く刈りこんだ「ざんぎり頭」だった。かつて伝統的な髪型だった「ちょん髷《まげ》」は非文明の象徴とされ、西洋風のざんぎりにすることが奨励されていた。

この年九月に龍吉と彼の家族は東京の新邸に落ちつき、龍吉は慶応義塾医学所に入学する。なぜ彼が医学の道へすすんだのかは定かでないが、父の勧めがあったのかもしれない。医学所は現在の慶応義塾大学医学部の前身にあたり、明治六年に設立された。明治七年の学生数は約三〇人、教師は六人だった。東大医学部の前身、東京医学校がドイツ医学だったのに対し、慶応義塾医学所はイギリスの医学を教えていた。龍吉が医学所へ入ったのは英語が生かせると考えたからかも知れない。ところが、龍吉は医学所へ入学して間もなく医学所校長の松山棟庵《まつやまとうあん》(1)といさかいを起こす。米国人医師ヘボンに医学を学び、校長として学生の指導監督に大きい権限をもつ棟庵は、龍吉に医学所の学則を守るよう命じた。学則には「初めて英書を学ぶ者には先ず、エビシ二十六文字を教へ、続けて簡易の書類を素読せしむること大凡《おおよそ》六ヶ月と定む」とある。しかし大阪でヘースから英語を本格的に学んだ龍吉は、すでにかなりの英語力を身につけていた。すでに四年も英語を学んだ龍吉にとって、またＡＢＣから英語をやりなおすというのは馬鹿げていた。龍吉は棟庵に逆らい、医学所の構内に大きく「医者は馬鹿なり」と落書する。

福沢諭吉は、厳しい規則をつくり塾生に厳守させていた。金銭の貸し借りは一切禁止、起床食事就寝の時間厳守、落書一切禁止などである。ところが龍吉は医学所に落書をし、義塾の規則を破った。棟庵は落書を消すよう龍吉に命じる。しかし彼はそれを拒んだ。土佐人は頑固である。一旦決めたことは容易にゆずらない。退塾を命じられた龍吉はさっさと自主退学した。入塾してから一年もたっていなかった。

この頃、龍吉は将来、海外に学ぶことになろうとは夢にも思っていなかった。しかし父のビジネス関係者から外国の話を聞き、欧米の文化や技術について興味を抱いていた。そして横浜に建設されたばかりの「三菱鉄工所」に関心があった。

三菱会社は日本国郵便蒸気船会社から引き取った老朽船を多くかかえていた。これらの船はたえず補修を必要としたが、日本にはまだ大型蒸気船が修理できる造船所はなく、三菱は老朽船を上海まで回送し補修しなければならなかった。岩崎弥太郎はこの問題を解決するため、明治八年、横浜に三菱鉄工所を建設する。三菱最初の造船所である三菱鉄工所が「鉄工所」と命名された理由は、当時は補修に限られていたためとみられる。

三菱鉄工所は上海の造船業者、ボイド商会と三菱の共同出資により設立された。資本金は一〇万ドル。ボイド社が技術的な問題を引きうけ、外国人技師によって工場建設を進めることになった。ボイドはスコットランドの出身で、グラスゴーにつながりをもっていた。計画が決定したとき、ボイドは工場建設を指導監督する技術者の派遣をグラスゴーの「ロブニッツ・カルボーン造船所」に依頼し、同社のJ・F・カルダー技師の来日を要請する。カルダーは協力を受け入れ横浜へ来た。カルダーの来日と前後して、同造船所のオーナー、ヘンリー・ロブニッツ[2]も技師の雇用や技術供与の条件を三菱側と交渉するため訪日した。

三菱はロブニッツとの交渉を川田小一郎にゆだねた。小一郎はヘンリーを神田の自邸へ招き、交渉を重ねる。話し合いの合間に小一郎は、グラスゴーの盛んな造船工業の様子についてヘンリーから話を聞かされた。やがて契約が結ばれヘンリーが帰国準備にとりかかったとき、小一郎は「あなたの造船所で長男の龍吉を鍛えてもらえないだろうか?」と彼に頼む。龍吉に造船技術を修業させることは小一郎にも弥太郎にとっても強い願いだった。当時、日本に造船技術者はきわめて少なく、三菱は海外の造船所で早急に研修生を養成する必要にせまられていた。ヘンリー・ロブニッツはしばらく考えたあと小一郎の頼みを聞き入れた。

父から突然「イギリスへ勉学に行くように」と言われたとき、龍吉はとまどった。この若者は少年時代から土を愛し畑を耕すことを好んだが、今は新しい知識を求めて読書に熱中していた。外国に興味はあったが、造船技術者をめざそうとは思ってもみなかった。だが父の説く造船立国論にやがて引きこまれていった。彼は生来、ものづくりが好きだったし、身体を動かすことを好んだ。それにヘースに習った英語を実地にためしてみたかった。結局、話は落ちつくべきところに落ちつき、龍吉の未来はグラスゴーへと広がっていった。当面、彼にとって急ぐことは何もなかった。イギリス行きは決まったが、スコットランドでの新しい生活のスタートはまだ二年先になる。準備の時間はたっぷりあった。

父は息子が渡英するまでに、より高い教養を身につけさせようと考えた。小一郎は政府の司法大輔（司法副長官）である佐々木高行に会いに行く。二〇年前、小一郎は土佐で佐々木から文字を習った。彼が藩庁へ出仕できたのも佐々木の推挙によるものだった。久しぶりに恩人である佐々木に会った小一郎は「長男の龍吉を書生として貴方のもとに置いてもらえないだろうか。」と頼む。

佐々木の邸は東京麻布にあり、政治家や実業人が出入りしていた。間もなく龍吉は佐々木の書生となり、渡英までの二年間、佐々木から教えをうけることになった。龍吉は各界の人物に接し、視野を広げていった。佐々木は欧米の社会や文化について彼に語って聞かせた。佐々木高行は明治四（一八七一）年、岩倉具視の米欧回覧使節団の理事官として随行し、アメリカ、ヨーロッパ一二ヵ国を訪れていた。龍吉は海外へ、そして冒険へ旅立つ日が早く来るよう願った。

明治のスコットランド留学生

最初にスコットランドへ渡った日本人留学生は、元治二（一八六五）年、日本を密出国しロンドンに留学した薩摩藩留学生の一人、長沢鼎《ながさわかなえ》で、本名を磯永彦助《いそながひこすけ》といった。当時彼は十四歳。薩摩藩開成

イギリス（ブリテン島）

所に学んだあと英国に渡り、一八六五（慶応元）年、スコットランド北方の都市アバディーンに住んだ。その後、アメリカへ移住しブドウ園の経営にあたった。

次いでスコットランドの地を踏んだ留学生は文久三（一八六三）年、やはり横浜から密出国しイギリスへ渡った五人の長州藩士の一人、山尾庸三《やまおようぞう》(3)である。山尾はロンドンのユニバーシティ・カレッジで約二年間、理科を学んだ後、一八六六（慶応二）年にグラスゴーへゆく。造船技術の重要性をつよく感じていた山尾は、グラスゴーへ着いたあと「ネイピア造船所」へ見習工として入り、造船技術を身につけた。この造船所は明治天皇のお召し艦「明治丸」を建造したことで知られ、クライド流域の造船所の中でもトップレベルの技術をもっていた。山尾は、造船所で研修を終えたあとグラスゴーの中心街にあるアンダーソン・カレッジの夜間部へ通い、機械工学を修めている。

その後、明治に入って、多くの日本人留学生がグラスゴー大学に学ぶようになった。大学の記録には一八七六（明治九）年から一九一四（大正三）年までに四〇人以上の日本人が登録されている。最初にグラスゴー大学へ入学した学生は開成学校出身の谷口直定と増田礼作[4]で、ともに土木・機械工学を専攻した。グラスゴー大学に学んだ日本人留学生の中には傑出した成績の学生が多く、工部大学出身の高山直質《なおすけ》、電信学専攻の志田林三郎《りんざぶろう》、物理学を専攻した田中館愛橘《たなかだてあいきつ》、鉄道工学の渡辺嘉一[5]らは帰国後、明治日本の建設に大きく貢献した。

これらの留学生はいずれも政府派遣の国費留学であるが、龍吉は私費留学だった。彼はグラスゴーで七年間学んだが、その渡航費や学費の総額は約六〇〇〇円。現在の貨幣価値だと約六千万円に相当する。この留学費は龍吉個人が三菱会社から借用し、帰国後、三菱へ返す約束になっていたが、社長の岩崎弥之助の決断で返済無用となり、結果的に彼の留学は三菱会社からの派遣留学となった。

旅立ち

明治十（一八七七）年春、龍吉はイギリスへの渡航準備を終えた。その頃、岩崎弥太郎はロンドン駐英日本公使、上野景範《かげのり》[6]に宛てて次のような手紙を書いていた。

「拝啓仕り候。今般、新潟丸にて社員、川田小一郎息子、龍吉。石川七財[7]二男、正吉。両人、機械学、英学修業のため御地へ差し立て候については、かれこれご面倒の御事と存じ奉り候え共、何卒然るべく御教示、御世話仰せ付けられ度、偏奉祈り候。右、両人は小生、腹心の社員の者にて、すなわち同人などの成り立ちは万々、小生においても希望の儀につき、万端宜しう御引き立て遣わされたく千万ご依頼申し上げ候。」

（明治十年三月四日付）

龍吉と石川正吉がロンドンまで乗船した「新潟丸」（一九一〇トン）は、一八五五（安政二）年、イギリスのバーケンヘッドで建造され、明治八年に政府から三菱へ払下げられた汽船である。この船は建造から二〇年以上運航をつづけたため早急に補修する必要があった。三菱ではこの船をグラスゴー、ロブニッツ・カルボーン造船所へ回航し、機関やボイラーを中心に大がかりな整備をおこなうことにした。二人の渡航はこの機会が利用された。

明治十（一八七七）年三月下旬。龍吉と正吉は両親や友人に別れを告げ、横浜港を出発した。このとき二人は乗組員として新潟丸に乗船し、龍吉はボイラールームで機関士見習として働いた。長い船旅だった。乗組員は熱帯の焼けつくような暑さに耐えながら、マラッカ海峡をゆっくり通過しインド洋を横切った。船は喜望峰を回ったあと針路を北へとり、大西洋を縦断。ビスケー湾を通り、英国海峡をめざした。龍吉が英国沿岸を目にしたのは七月の終わりだった。横浜を出航して、すでに四ヵ月がすぎていた。はるか遠くにのびる白い崖を望みながら新潟丸はドーバー海峡を北上し、フォーネス岬を迂回したあとコースを西にとり、テムズ河口めざして最後の航行に入った。

〈この川は淀川に似ている〉と龍吉はおもった。テムズ川も淀川も、海と大都市を結んで水運が発達し、沿岸地域の商業や工業を支える血管の役割を果たしている。だが二つの川の風景は異なっていた。

テムズ川の風景は淀川のように岸辺の緑や遠い山なみは望めず、ただ広い砂洲の彼方に平地が広がっているだけだった。

新潟丸はテムズをゆっくり遡り、さまざまな船とすれ違った。龍吉は、黒煙を吐き、ゴシゴシと蒸気機関の音をたてながら進む汽船を驚きの目で見つめた。軍艦がすさまじい黒煙を噴き上げ、新潟丸を猛スピードで追いこしていった。グレーヴゼンドを過ぎた辺りから川幅がすこし狭まってきた。対岸に巨大な工場や建物が建ち並んでいる。造船工場だろうか、そそり立つ巨大なクレーンや煙突が何本も見えた。埠頭にはおびただしい数の倉庫が連なり、荷役労務者がアリのように働いていた。龍吉はテムズ流域に広がる港湾基地のスケールに驚嘆した。テムズ川流域の盛大さに比較できる川は世界のどこにもなかった。

このとき龍吉が見たドック群は、一八〇〇年代初めに建造され、世界最大の商業中心地ロンドンのシンボルとされた。ドック周辺に密集する倉庫に保管されている商品の価格は二〇〇〇万ポンドに達したといわれ、埠頭では二〇〇〇〇人の港湾労働者が貨物の積み下ろし作業に従事していた。

新潟丸がテムズ川のドックに停泊すると、龍吉はすばやくタラップを下り上陸した。彼は無事ロンドンへ着いたことを家族に知らせる電報を東京へ打たねばならなかった。それが済むと、龍吉と正吉はロンドンの街を探検した。新潟丸はドック入りのためグラスゴーへ向かう予定だが、しばらくの間、埠頭に留まって日本から運んだ積荷の荷下ろしや石炭、水の補給作業があった。

二人の留学生はリージェント街やピカデリー、それにウエスト・エンドなどを訪れた。ロンドンは世界最大の都市だった。どこへ行っても道の両側に高い石造の建物が建っているのに感心した。東京の銀座でも、これほど多くの建物を見たことがなかった。車の往来もすさまじかった。四輪馬車、荷馬車、辻馬車、乗合馬車。どの車も寸時を惜しむように疾走していた。交通の状況について岩倉使節団の書記官だった久米邦武《くめくにたけ》(8)は次のようにのべている。「車ノ連続シ来ルニヨリ、数分時ヲ俟《まつ》テ、初テ向フヘ移ルヲ得ルコト多シ」(久米邦武『米欧回覧実記 二』)

歩行者は車道より一段高い石畳の歩道を歩いていた。着飾った男女が店のショーウインドウの陳列を立ち止まって眺めたり、横目で見ながら通りすぎてゆく。久米の言葉には「貿易ノ盛大ナルハ、世界ノ大市場ト称セラル」とある。

ロンドン滞在中のある日、龍吉はベーカー街五五番地の写真館エリオット・アンド・フライでポートレート写真を撮った。東京にも写真スタジオは開店していたが、日本で写真館はまだ珍しく、当時日本人旅行者はロンドンやパリのような大都市に着くと、必ずといってもよいほど写真スタジオを訪れた。このとき龍吉は二十一歳。まだ少年の面影がかすかに残るポートレートが、彼のイギリス生活の出発を知らせる記録となった。

日本を出発する前、龍吉が受けとった旅行免状には身元確認のために顔や身体の特徴が書き込まれている。それによると、身長は四尺九寸五分(約一メートル五六センチ)とあり、小柄である。そして顔の特徴として、眼・やや小、鼻・並、口・やや小、面・楕円、色・浅黒と記されている。旅券に写真を貼付する制度はまだ採用されていなかった。

ロンドン到着後の川田龍吉
(1877年、エリオット・フライ写真館にて)

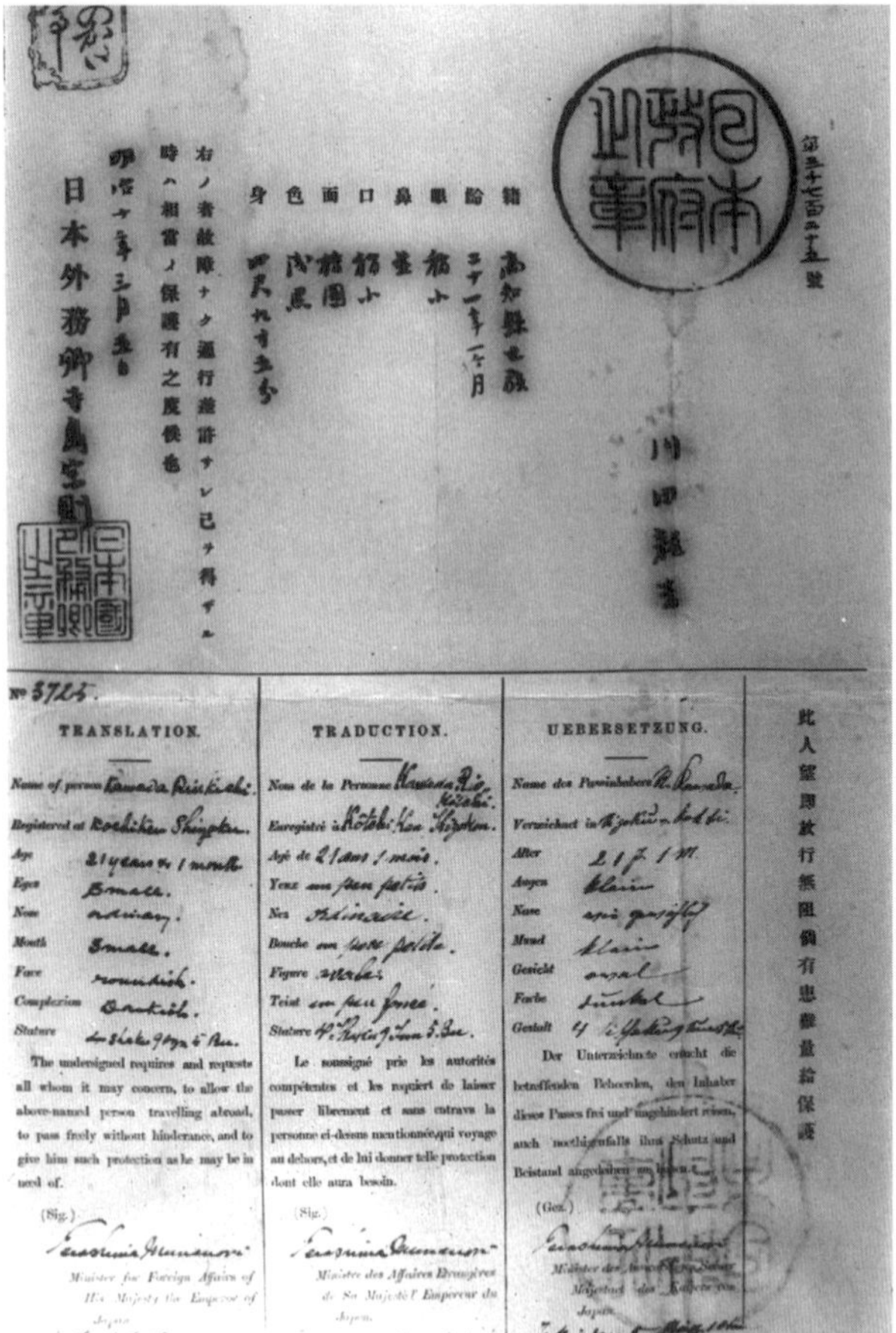

第三千七百二十五號

籍　高知縣士族

齢　二十一年一ヶ月

眼　細小

鼻　並

口　細小

面　稍圓

色　淺黒

身　四尺九寸五分

川田龍吉

右ノ者故障ナク通行差許サレ已ヲ得ザル時ハ相當ノ保護有之度候也

明治十年三月五日

日本外務卿寺島宗則

№3725.

TRANSLATION.

Name of person Kawada Riokichi.

Registered at Kochiken Shizoku.

Age 21 years & 1 month

Eyes Small.

Nose ordinary.

Mouth Small.

Face roundish.

Complexion Darkish.

Stature 4 shaku 9 sun 5 bu.

The undersigned requires and requests all whom it may concern, to allow the above-named person travelling abroad, to pass freely without hinderance, and to give him such protection as he may be in need of.

(Sig.) Terashima Munenori

Minister for Foreign Affairs of His Majesty the Emperor of Japan.

TRADUCTION.

Nom de la Personne Kawada Riokichi.

Enregistré à Kôtchi Ken Shizoku.

Agé de 21 ans 1 mois.

Yeux un peu petits.

Nez ordinaire.

Bouche un peu petite.

Figure arrondie.

Teint un peu foncé.

Stature 4 Shaku 9 Sun 5 Bu.

Le soussigné prie les autorités compétentes et les requiert de laisser passer librement et sans entrave la personne ci-dessus mentionnée, qui voyage au dehors, et de lui donner telle protection dont elle aura besoin.

(Sig.) Terashima Munenori

Ministre des Affaires Etrangères de Sa Majesté l'Empereur du Japon.

UEBERSETZUNG.

Name des Passinhabers

Verzeichnet in

Alter 21 J. 1 M.

Augen klein

Nase ein wenig gespitzt

Mund klein

Gesicht oval

Farbe dunkel

Gestalt 4 Shaku 9 Sun 5 Bu

Der Unterzeichnete ersucht die betreffenden Behoerden, den Inhaber dieses Passes frei und ungehindert reisen, auch nothigenfalls ihm Schutz und Beistand angedeihen zu lassen.

(Gez.) Terashima Munenori

Minister des Auswärtigen Seiner Majestaet des Kaisers von Japan.

此人望照放行無阻倘有患難量給保護

明治10(1877)年3月発給の海外渡航証明書

ロンドンに到着して間もなく、龍吉は旅の仲間だった石川正吉と別れた。この後、正吉はロンドンで学ぶ予定だったが、長く滞在することにはならなかった。数ヵ月後、正吉は荷物をまとめ帰国した。

一方、龍吉はテムズ川のドックから再び新潟丸に乗船し、目的地グラスゴーへ向かう。遠く離れた日本では、小一郎がすでに息子からの電報を受けとっていた。小一郎は仕事のため東京を離れていたが、すぐ息子に返事の手紙を送った。

「明治十年八月二十四日、長崎に於いて此書状相認める。本月一日新潟丸海上恙《つつが》無く倫敦《ロンドン》着の旨電報相達し候段、東京より當《とう》方へ電報に相成り大いに安心せり（中略）會《かい》社も今度、戦争の御用、相務め候に就いては大分に益金も貯蓄いたし、永世、大丈夫の大會社と相成り候。右に付き今度、倫敦出来の大汽船六艘、相求め候」

八月末、新潟丸はテムズ川のドックを出航した。船はテムズ河口からイギリス南岸に沿って西へ進み、ランズエンド岬を通過したのち針路を北へ向け、セントジョージ海峡を通過、アイリッシュ海をさらに北上した。グラスゴーまでは短い航海だが、新潟丸の船足は遅く、ギャロウェイの海岸を目にしたのは三日目の朝だった。

龍吉は甲板に立った。冷たい北の海風が彼の頬を通り過ぎてゆく。スコットランドの短い夏は終わろうとしていた。船はエア州の海岸に沿って北へ進んでいる。露岩のつき出た低い台地が広がり、やせた大地には灌木が地をはうように茂っていた。その光景は緑豊かな山なみがつづく土佐湾の風景とはまるで異なっていた。遠くにアラン島が現れ、しだいに島は大きくなった。険しい崖とそそりたつ岩山の風景は荒々しく、やさしいイングランド沿岸の景色とは対照的だった。やがて海岸が近くなり、二つの島の間を通りぬけると新潟丸はクライド川の河口へ入った。

世界の造船基地

スコットランドの低地帯を一七〇キロにわたって流れ下ったクライド川の河口に、グリーノックの港町がある。龍吉がスコットランドに到着したころ、グリーノックからグラスゴーまで約三十二キロにおよぶ流域には、大小四〇以上の造船工場がひしめいていた。そしてグリーノックに隣接する河口港ポート・グラスゴー、その上流にあるダンバートン、クライドバンク、レンフリューといった沿岸の町は、この頃急速に発展しつつあった。一八八〇年から一九二〇年まで、この流域の造船所は絶頂期を迎え、世界の蒸気船の半数を建造している。

新潟丸はグリーノックを通過したあと、ポート・グラスゴーの港に着岸した。グラスゴー市はこの港からさらに三〇キロばかり上流へ遡らなければならないが、河口ちかくに位置するこの港は立地条件に恵まれ、クライド流域最大の港としてにぎわっていた。ポート・グラスゴーの光景は龍吉に強い印象をあたえた。埠頭はクレーンの騒音に満ち、時おり汽笛の音が響く。大勢の仲士が積荷に群がり、その横を石炭運びの人夫が大きい袋を肩に一列縦隊でタラップを登っていた。

クライド川

スコットランドでの龍吉の新しい生活はヘンリー・ロブニッツ夫妻が身元引受人となりスタートした。二人は埠頭まで龍吉を出迎えに来ていた。ヘンリーは龍吉のトランクを手にすると、ポート・グラスゴーの停車場へ案内した。ロブニッツ夫妻の邸はレンフリューにあり、汽車だと三〇分たらずで着く。研修をうけるロブニッツ造船所もレンフリューにある。龍吉はロブニッツ夫妻の邸に立ち寄ったあと、下宿へ落ちついた。

　龍吉の下宿はロブニッツ家のゲストハウス「クライド・ビュー・コテージ」だったらしい。このゲストハウスはクライド河畔にあり、ロブニッツ造船所にも近かった。龍吉は七年間の留学生活をこの下宿で過ごしている。のちに日本郵船の近藤滋弥《しげや》(9)もこのコテージに滞在した。一方、新潟丸はさらにクライド川を遡り、ロブニッツ造船所のドックに入った。

　レンフリューへ着いて間もなく、龍吉は汽車でグ

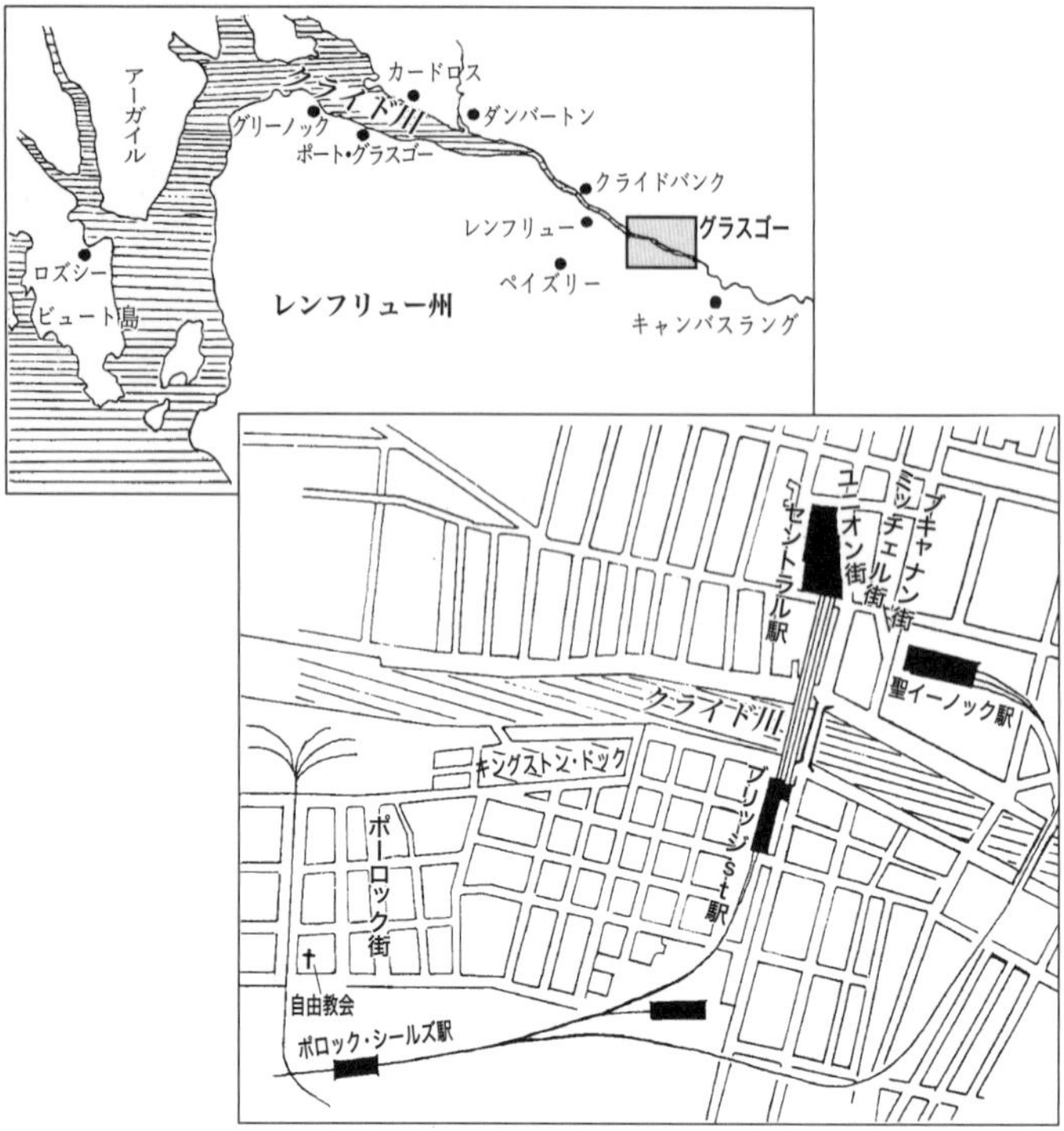

クライド川とグラスゴー

ラスゴー見物に出かけた。レンフリュー駅からグラスゴー中央駅まで二〇分もかからない。龍吉はグラスゴーへ着いたとき、壮大な駅の光景に驚いた。構内に何本もプラットホームが並び、列車をつないだ機関車が出発時刻を待っている。東京でもすでに新橋・横浜間を汽車が走っていたが、イギリスの鉄道駅は日本の駅にくらべけた違いのスケールだった。龍吉は切符を手に改札口を通りぬけた。広いホールの中央に大きい時計塔があり、その周りに発車時刻をまつ乗客が何百人も群がっていた。

駅を出たあと、龍吉は街を歩いた。ロンドンと同じようにさまざまな形の馬車が走っていたが、通りはそれほど混雑していない。龍吉は有名な繁華街、ブキャナン街へ行った。久しぶりにウインドーショッピングを楽しみ、東京の銀座をなつかしく思い出した。

この都市には古い荘厳な建物が多い。十二世紀に建築がはじまり三〇〇年かけて完成したグラスゴー大聖堂、セント・アンドリューズ大聖堂。王立商品取引所や市会議事堂は、かつて商業都市だったグラスゴーを象徴している。グラスゴー・グリーンは広大な野外空間だった。十二世紀につくられたこの公園では市民が遅い夏の陽射しをあび、散策を楽しんでいた。ジェームズ・ワット[10]は、グラスゴー・グリーンの散歩中にシリンダーエンジンの構想がひらめいたと伝えられている。

スコットランド第二の大都市グラスゴーの語源はケルト語とされ、古代から都市が発達していたらしい。最初の発展は十七世紀、アメリカからのタバコ輸入の中継地として、フランス、ドイツ、イタリアなどへの再輸出によって繁栄した。しかしスコットランドのタバコ貿易は、後に西インド諸島からのタバコ、砂糖、コーヒーなど豊富な商品に押され、衰退する。十八世紀に入ると、ワットの蒸気機関の発明が技術革新をうながし、グラスゴーは工業都市に変身する。市の周辺部に木綿紡績工場が相次いで建設され、クライド川流域のあちこちに造船所が誕生した。一八三〇年代には鉄道が次々に開通し、鉄道網の急速な発達によって、グラスゴーの人口は七万七〇〇〇人（一八〇一年）から四二万人（一八六一年）に増加した。

龍吉にとって町の北方にひろがる工場地帯は印象的だった。太い煙突から噴きだす黒煙が空をおおい、煙のために空はかすんでみえた。それはグラスゴー工業の活力を示していた。これより五年前、この地を訪れた岩倉使節団もこの光景に驚いている。

「河北の市街は建築美ならず、製造所多し、府の周囲はみな製造所にて、夜中に此府を望めば所所の烟突より炎火を噴き赫赫《かくかく》天を焦がし殆ど火災あるかと疑愕《ぎがく》せしむ」と久米邦武は記した。

当時、グラスゴーの製造工業は頂点に達していた。十八世紀末まで一一ヵ所にすぎなかった織物工場は一八〇〇年代半ば、蒸気機関の普及によって一〇〇ヵ所ちかい工場を数えるようになった。織物工業の発達にともなって労働者の需要が増え、造船工場の発展もまた多くの労働力を必要とした。スコットランドの農民は都市部へ移動し、アイルランドからも多くの移民が流れこんだ。農村の人口は激減し、スコットランドは農業経済社会から工業化社会へ転換する。

造船工業がクライド川流域ではじまったのは十八世紀の初め、グリーノックに住んでいたジョン・スコットやポーター&モーガンといった船大工が木造帆船の工場をつくったのが最初とされる。その後、ヘンリー・ベルが蒸気機関による船の推進技術を発展させ、一八一二年に「コメット号」を完成。クライド川での試運転に成功する。コメット号はヨーロッパの川を最初に航行した蒸気船となった。この成功をきっかけにグリーノックやポート・グラスゴーの町に次々に造船工場が建設され、間もなくクライド川上流のダンバートン、クライドバンク、レンフリューもこれに続く。

ロブニッツ造船所

龍吉が実習をうけることになったロブニッツ・カルボーン造船所はクライド川沿岸の造船所の中でも大きい造船会社だった。記録によると、十八世紀から二十世紀までにこの流域で操業した造船会社は約四〇〇社に達しているが、その中で同社は四位（建造数）にランクされている。[11] 四〇〇社の上位一〇社が建造した船の総数は一万三四二八隻。ロブニッツ社は一〇七五隻を建造した。

ロブニッツ造船所は一八四七年、ジェームズ・ヘンダーソンが設立したヘンダーソン会社に始まり、その後オーナーが代わるたびに社名が変更されたが、一八四七年の創業から一九六一年の廃業までの一一四年間に建造された船舶は、蒸気船一五一隻、浚渫《しゅんせつ》船二一三隻、底開き船一一三隻、はしけ一〇二隻となっている。発注元はイギリスの船会社が最も多く、次いでアメリカ、フランス、中国、そして日本だった。わが国の発注船は一八八九年に「仙台丸」（一七一七トン）、「武蔵丸」（一七一四トン）があり、いずれも日本郵船に引き渡された。

ロブニッツ社は浚渫船の領域に独自の技術をもっていた。デンマーク生まれのヘンリー・ロブニッツが考案した一種のコンベア装置で、「ロブニッツ輪」と呼ばれ、浚渫作業に革新をもたらした。ヘンリーは一八四七年にヘンダーソンが造船所を設立したとき見習技師として入り、後にヘンダーソンのパートナーとして経営に参加、一八八〇年にはオーナーとなった。

九月末、龍吉の実習生活が始まった。ヘンリーの方針によって最初は造船所のさまざまな部門を見学し、造船の全体像を頭に入れた。設計室から始まって、蒸気機関や船舶の部品を造る鋳物工場、ボイラーを製造する製罐工場、蒸気機関の組立工場などをまわった。ちょうど新潟丸がドック入りし、改修工事が始まっていたから、龍吉には格好の研修材料となった。

ロブニッツ造船所はクライド川の南岸に位置している。約一六三平方キロメートルの広大な敷地に五基ないし六基の「引き上げ式船台」があり、二〇〇〇トンクラスの船舶が建造されていた。河岸の係船ドックでは浚渫船や底開き船など小型船を造っていた。構内には鉄道の引込線が敷かれ、工場と駅を結んでいた。従業員は技師、労働者あわせて約一五〇〇人だった。

造船所はレンフリューの町に隣接している。龍吉が留学していたころ町の人口は約六八〇〇人。かつては小さいモスリン織の工場やタイル製造業が人々の暮らしを支えていたが、十九世紀半ばにヘンダーソンなどが造船所を開いたあと、おおくの人びとがドックで働くようになった。町の外は田園地帯で、見渡すかぎり牧場や畑地がひろがっていた。

間もなく、龍吉はスコットランドの日常生活に慣れてきた。そして造船所へ入った次の年には実習生として必要な技能を身につけた。保護者であるヘンリーは次の段階として、龍吉が将来資格をそなえた技術者になるためには工学的な知識を身につける必要があると考え、彼をグラスゴー大学工学部へ入学させる。一八七八（明治十一）年十一月、龍吉は工場での力仕事に代わって学生の生活に戻り、大学の講義を受けるため毎日グラスゴーまで汽車で通うようになった。町へ出ることで彼はスコットランドの社会知識を深め、大学の講義をとおして現場体験を理論的に裏づけた。

当時、グラスゴー大学工学部は最先端の技術教育をすすめていた。造船と土木工学の講座を新たに設け、この都市の発展を導いている工業をさらに推進しようとしたのである。教授陣は蒸気サイクルの研究で知られるウィリアム・ランキンや絶対温度の概念をとなえたウィリアム・トムソン(12)(ケルヴィン)など国際的な学者が多く、工学部には世界中から学生があつまっていた。龍吉は約半年間、工学部に在籍し、課程を終えたあと次のような修了証を受けた。

「川田龍吉はきわめて規律正しく講義に出席した。彼はクラスにおいて礼儀正しくふるまい、クラスでの勉強を完璧になしとげて大いに能力を示した。そしてクラスの試験に合格した。
一八七九年五月一日　グラスゴー大学工学部教授　ジェームズ・トムソン」

グラスゴー大学の短期コースを終えた龍吉は再びロブニッツ造船所に戻った。もはや駆け出しの見習工ではなく、特定の技術分野を選べる専門知識を身につけていた。龍吉は自分の専門領域を機関学に定める。ヘンリー・ロブニッツは小一郎との約束にこたえ、龍吉を第一級の技術者に育てるために努力した。さまざまな部門で龍吉に経験を積ませ、ときには彼の技能を磨くため、進水した新造船に機関士見習として乗船させている。龍吉はボイラーやエンジンの設計を習得し、蒸気機関の運転にも習熟した技術者に成長していった。

この頃、龍吉は日曜になると穏やかなレンフリューの生活を楽しむようになった。彼は郊外へ足をはこび田園地帯を歩いた。この過ごし方は彼にぴったりだった。土佐の田舎で育った龍吉にとって牧場や農地を見ることは楽しかったし、労働の疲れもいやされた。春から夏にかけて、彼は方々の畑を見てまわり、作物の生長の様子や収穫の風景を観察した。スコットランドのこの辺りではカラスムギやカブ、ジャガイモがおおく栽培されていたが、小麦はあまり見かけなかった。

龍吉が実習生になって三年を過ぎたころ、東京から帰国をうながす手紙が届いた。だが彼は将来を予測していたのか、レンフリューにとどまり実習をつづけていた。このころ東京の母、美津から届いた手紙には次のようなことが書かれている。

「さてまたいろいろ案じ、長らくそちらニ居りてあるまゐとはおもへども、ひょんと又そちらの女でもつれてくるよふな事有りはせぬかとおもゐ、そのよふな事有ては父上に申しわけたたず、どふぞどふぞどふぞ、此事はあさばんわすれぬよふにねがい上候。おまへのべん京すること父上も大よろこびであるから、どふぞはやくかえるよふニならねばならぬぞよ」

（明治十四年二月一日付）

グラスゴーの娘

一八八三（明治十六）年一月、龍吉は二十七歳になり、造船留学も六年目に入ろうとしていた。時どき彼は汽車かフェリーに乗ってグラスゴーの街へ出かけることがあった。おおくの日本人留学生が大学に近いヒルヘッド周辺に住んでおり、土曜日になると彼らの下宿を訪ねたり、近くの公園を散歩した。そんなある日、龍吉は、仕事に必要な資料を探さねばならないことを思い出した。そこでレンフリューへ帰る途中、グラスゴー中央駅のそばにあるマクギーチ書店に立ち寄った。
書店のドアを押して店内に入った龍吉は、若い女店員に欲しい資料の名を告げた。彼女は本の在庫を調べてくれたが、その本は店になかったので、龍吉に出版社へ注文しなければならないと告げた。そして龍吉の名前と住所を書きとめた。龍吉はある出版社発行の地図に関心があったのだが、そのとき彼は他の本が気になり、女店員にその地図を注文するとはっきり告げなかった。数日後、書店からレンフリューの下宿に手紙が届き、彼を驚かせた。マクギーチ書店からの通知だった。

現在のユニオン街、中央駅前
（左手にマクギーチ書店があった）

ジェームズ・マクギーチ書店
一八八三年一月
カワダ様
拝啓　土曜日に、あなたが欲しいと思っていらっしゃるのかどうか、確認するのを忘れてしまいました。ご一報いただけましたら、すぐ出版社へ地図を送るよう連絡致します。
布張り地図をあなたが欲しいと思っていらっしゃるのかどうか

敬具

ジニー・イーディー

こうして龍吉はジニー・イーディーを知った。彼女は彼を憶えていてくれた。彼は週末が来るのを楽しみに、再び書店を訪ねようと思った。次の土曜日、龍吉は下宿を出て汽車にのった。グラスゴーまで二〇分もかからないのに、彼は汽車の走るのがもどかしく感じられた。中央駅からマクギーチ書店まで一分もかからない。ジニーは店にいた。龍吉は地図の注文を済ませ、近刊書についてよもやま話をしたあと、自分はレンフリューで働いていると彼女に告げた。客は少なかった。龍吉はジニーと遅くまで話しこんだあと、思いきって彼女に家までエスコートしたいと申し入れた。外はすでに暗くなっていた。二人は店を出て、寒いグラスゴーの街を彼女の自宅のほうへ歩いていった。ジニーは、街の中心から二キロ足らずのクライド川南岸に母と暮らしていると語った。彼らは話に熱中しながら、街の中心から南へ、グラスゴー橋を渡ってクライド川をこえ、キング街を西へむかった。やがて右手にキングストン・ドックがながくのび、左手にテネメントハウスが建ちならぶ通りへ出た。ジニーの住まいはポーロック街だという。「もうすぐです」と彼女はいった。キングストン・ドックを通り過ぎ、しばらく歩いた左手にポーロック街があった。この通りも両側にテネメントハウスが続いていた。龍吉は、その一角にある建物の入口でジニーが立ち止まったのを見届けると、レンフリューへの道をとって返した。テネメントハウスはスコットランド独特の集合住宅で、石造りの四階あるいは五階建てが多く、一棟に十数家族が暮らしている。
つぎにジニーに会うまで、龍吉は一週間待たねばならなかった。読書好きの彼は、これまで日曜になると造船に限らず幅広い分野の書物を楽しんでいた。だが、その週の日曜日はジニーへ手紙を書いた。先日、書店で彼の話に熱心に耳を傾けてくれた謝礼を述べ、その夜彼女と帰り道をともにして楽しかったと記した。龍吉は、彼女ならレンフリューの職場で外国人留学生がしばしば体験する悩みを理解し、苦しみを和らげてくれるかもしれないと考えた。数日後、ジニーから返事が届いた。

グラスゴー市ポーロック街六七番地
一八八三年一月三十日　火曜日夕方

カワダ様。昨日の朝、あなたからの手紙を受け取りました。私と話してよかったと聞き、うれしくおもいます。うんざりなさったのではないかと思っていましたので。母にすべてを話しました。そうするのが正しいと思いましたから。それに、私がそのようにすることを望むあなただからこそ好きなのです。母は私があなたのことを話すのを聞いて、あなたを気に入ったらしく、お知り合いになりたがっていました。土曜日だとあなたにお暇があるようなので、家へお招きしたいのですが。でも運の悪いことに私は仕事から逃れられないのです。金曜日の夜八時以降と月曜日の七時以降は家にいます。何時頃ご都合がよいのか、どうぞ教えてください。私の住んでいるところは、ご存じですね。三階の真ん中のドアです。それが、私があなたにしてあげられる最高、最大限で唯一のことにならないよう願っています。

敬具

ジニー・イーディー

訪問

金曜日、龍吉は仕事を終えたあと下宿へもどってスーツに着替え、レンフリュー駅から汽車に乗ってジニーの指定した時間にポーロック街へ向かった。何十棟も同じかたちのテネメントハウスが建ちならぶ町の様子はレンフリューとは異なり、別世界へ迷いこんだように感じて、彼は少しまごついた。ジニーの住む建物の前に着くと龍吉は立ち止まり、一息ついてからスコットランドで「クローズ」とよばれる狭い入口をくぐった。この棟にはジニーと彼女の母のほかに一一世帯の家族が住んでいる。龍吉はガス灯の明りに助けられ、薄暗い石の階段をゆっくり上っていった。グラスゴーで「リアリー」と呼ばれる点灯夫によって毎晩、点火されるガス灯の費用は、この建物の入居者が負担している。龍吉は、彼女の母に会ったとき、ジニーとどう出会ったと語れば賢明なのか考えた。

三階に着いた龍吉は、短い通路を歩き、真ん中のドアの前に立った。真ちゅうのネームプレートもドアのノブもぴかぴかに磨かれている。龍吉はネクタイにちょっと手をやり、深く息を吸いこむとベルを鳴らした。ドアが開いてジニーの母が顔をのぞかせた。「初めまして、川田です」「ようこそいらっしゃいました。お待ちしていました。さ、どうぞ中へ」。ジニーの母、エリザベスは四十歳ぐらいだった。テネメントハウスに住む他の住人と同じように労働者出身だが、清潔で上品な女性だった。龍吉を部屋に案内した彼女は楽にするようにいった。彼は二人の住む部屋があまりにも狭いのに驚いた。住人のほとんどは一部屋だけの「シングルエンド」か、二部屋の「ルーム・アンド・キッチン」に住んでいる。部屋の奥まった狭いスペースに「壁の穴ベッド」とよばれる寝台が置かれていた。トイレは住居の中にはなく、各フロアの踊り場に設けられている。そして建物一階のうしろに共同の洗濯場が付いた小さな庭がある。

スーツにネクタイ姿の龍吉はかしこまり、エリザベスは上等の茶器で彼をもてなした。最初、彼らの会話は堅苦しくぎこちなかったが、それでも夜遅くまで話しこんだ。龍吉は日本について彼女の質問に答え、造船の仕事や彼の趣味について語った。彼女らはポーロック街での家庭生活を紹介した。エリザベスは長いあいだ織物工場で働いたが、彼女の実家であるハミルトン家は船の仕事に関わりが深かった。彼女の父、ジョン・ハミルトンは船長だったし、エリザベスが初婚のときに生まれた娘は船の機関士と結婚していた。今、ジニーは十八歳だが、間もなく十九歳になる。

ジニー(ジェーン)・イーディーは一八六四年、クライド川南岸の町、ハッチソンタウンでジョン・イーディーとエリザベス・イーディーの長女として生まれた。両親はグラスゴーのスコットランド自由教会で結婚式を挙げたが、挙式の二ヵ月後にジニーは誕生している。結婚式のとき、ジョンもエリザベスも教会の記録に年齢を二十九歳とサインした。二人はともに織物工場で働いていた。ジョンは織機の整経手、エリザベスはモスリン織物のかがり手だった。エリザベスは再婚で、旧姓エリザベス・ハミルトン=ボイドといい、結婚前は南ウェリントン街一三二番地に住んでいた。

ジニーが誕生して二年後の一八六六年に二番目の女の子がイーディー家に生まれ、エリザベスと名づけられたが、生後間もなく死亡している。さらに一八六八年に三番目の娘が誕生し、ふたたびエリザベスと命名された。ジニーは一八七〇年代半ばまで、両親、妹とともにハッチソンタウン南ウエリントン街に住んでいた。ジニーが十一歳、妹エリザベスが七、八歳になった一八七五年頃、ジニーと母エリザベスはウエリントン街の家を出ている。おそらくポーロック街へ移ったのだろう。

グラスゴー市が一八八三年に調査した『不動産登記簿』によればポーロック街六七番地の居住者はエリザベス・イーディー四十九歳、娘ジェーン・イーディー十九歳と記されているが、ジニーの父ジョンと十五歳になる妹エリザベスの名は登記簿に見当たらない。離婚したか、死別したのか、理由は分からないが、彼女は父妹と別れて暮らしていた。ジニーの心の中には、父と妹を失った過去が深い影を落としている。彼女が龍吉への手紙に父妹について書くことは決して無かった。

一八八三年二月八日　木曜日　夜

親愛なるカワダ様。今日、お手紙を受け取りました。もっと早く手紙が来るだろうと思っていましたのよ。無事に帰られたか、心配していたのです。もし土曜日、他にご用が無かったら、家にいらして私が帰るまでお待ち頂けないでしょうか。六時か、六時ちょっと過ぎには帰ります。そして、もしよろしければ私と一緒に駅まで歩いて帰りませんか。

私は、あなたが良くお眠りになれるよう願っています。いつまでも眠れずに床にいることは健康にとって有害でしょう。あなたがおっしゃった催眠術というものについて、考えてみました。そのような力が持てたら、すばらしいことに違いありませんね。

心をこめて

ジニー・イーディー

その週、龍吉は読書に忙しかったわけでも、手紙を書くのをためらったわけでもないが、とても幸せな気分でぼんやりと時を過ごしてしまった。久しぶりに家庭の温もりを感じ、エリザベスのもてなしに母の面影を感じたのだった。彼はイーディー家に親しい友人として迎えられた。あの夜、ジニーは彼が無事に家に帰ったのか心配している。つい夜遅くまで話しこんでしまい、気がつくと、いとまを告げる時間が過ぎていたが、終列車には何とか間にあった。

金曜の夜、龍吉は催眠術について彼女に語って聞かせている。龍吉が催眠術の知識を書物から得たのか、あるいは医者から教えられたのかは分からないが、彼はレンフリューの下宿でどうしても眠れない夜を過ごすことがあり、不眠症に悩んでいた。

夜、イーディー家を辞してレンフリューへ帰るとき、龍吉はポーロック・シールズ駅から汽車に乗った。この駅はポーロック街の南にあり、彼女の家からだと歩いて五分もかからない。当時、クライド川南岸の路線はカレドニア鉄道によってグラスゴーの中心街と結ばれていた。しかし後にグラスゴーから郊外へ路線が延長されると南岸沿いの駅は次々に廃止され、今、ポーロック・シールズ駅は無い。もっともこの駅がなくても、ポーロック街からグラスゴー中央駅まで二〇分で行けた。

ポーロック街もまた今日のグラスゴーには存在しない。一九六〇年代末の都市再開発によって、ヴィクトリア時代に建てられた古いテネメントハウスは撤去され、ポーロック街という地名も地図から消えた。ジニーやエリザベスや隣近所の人たちがテネメント住宅で暮らした辺りは、現在、ハウストン・プレスという名に変わり、住宅資材や機械部品の倉庫地区になっている。

信仰への誘い

つぎの日曜日、龍吉はふたたびジニーに手紙を書いた。このところ彼は読書にもあきていた。龍吉はジニーとの交際にもうすこし時間がほしいと願ったが、休みがとれるのは週末に限られていた。しかも土曜日はジニーがマクギーチでの仕事に忙しかった。

一八八三年二月十二日　月曜日　夜

リョウ様。今日、ちょうど夕食をとろうとした時に、あなたの手紙が届きました。日曜があなたにとってそんなに退屈な日だなんて残念です。もし、レンフリューがそう遠いところでなければ、グラスゴーまで来て、教会へ行けますのに。

こんどの断食日は四月五日の木曜日になります。私も、土曜の午後がはやく過ぎてしまうのを望むことで、自分の生活がはっきり見極められるかもしれません。そうすれば一インチの時間のかわりに一フィートの時間を得ることが出来るでしょう。でも、どうしましょう。いったい一フィートは何インチだったかしら。本当に忘れてしまいましたわ。

私は休日を取る資格があると思います。しばらく貰っていませんから。すぐに頼んでみるつもりです。

果たさなければならない仕事がなければ、私たちは少しの楽しみも得ることはできないというあなたの意見に私も賛成です。最も大きな幸せは為すべきことを為し終えた、という認識から来ると思います。何故なら私たちの義務は神様からのものだからです。そして私たちは、私たちの全知全能の天なる父がさせようとしたことを自分は行った、と知ることから幸せを得るのです。もちろんあなたは幸せになるでしょう。神様はあなたを幸せにしてあげたいと思っています。そして他の人々を幸せにするためにも、あなたが生きることは価値があるのです。世界はあなたという人を得たことで、よりいっそう良くなるでしょう。

さあ、おやすみなさいを言わなければなりません。十一時を過ぎてしまいましたから。　敬具

ジニー・イーディー

愛する父、私たちの導師であり友人である人よ
おお、私たちを静かに導きたまえ人生の試練が終わるまで　そして天国の安らぎを与えたまえ
道がどのようなものか、私たちにはわからない　その道を歩かないうちは
だが私たちは自分自身を信頼して行くことができる　わが父　わが神のおかげで

日曜日、ジニーは朝夕二回、教会へ出かけている。彼女は「トゥワイサー」とよばれる熱心なクリスチャンだった。当時、ポーロック街に住む信者はポーロック街教区教会に所属していたから、ジニーもこの教会へ通ったはずだ。だが今、ポーロック街教区教会は存在しない。ポーロック街が消滅したため教会も廃止され、この教区は近くのキニング公園教区教会に統合された。

ジニーは時どき、ポーロック街から二キロほど東のアボッツフォード自由教会へ出かけたようだ。彼女の両親はこの教会で結婚式を挙げた。

ヴィクトリア時代のスコットランドは、教会が人々の日常生活に強い影響力をもっていた。しかしスコットランド教会は内部の勢力争いによって組織が衰えてゆく。一八四三年、スコットランド教会は分裂し、スコットランド自由教会が生まれる。自由教会は国と教会の結びつきに反対し、教義体系と礼拝形式を固く守りつづけた。自由教会は今も独自の信仰告白のかたちを保っている。

スコットランド教会は教区民の生活を支援し、教会の社会的責任を担いつづけようとするが、グラスゴーのような工業都市では、社会の変化にともない、人々は宗教にふれる意欲を失ってゆく。

だが、ジニーにとって教会活動は生活の一部だった。父と妹を失った悲しみを祈りによっていやそうとしたのかもしれない。彼女は「私たちの義務は神様からのもの」と語り、祈りの言葉を引用している。しかし龍吉は彼女の素朴な信仰告白に悩んだことだろう。幕末の土佐に国学を学び、勤王党に触れた記憶が、彼に天皇は最高に敬うべき存在だと教えた。土佐では伝統的に神道を祀る家がおおく、川田家も代々、神道を信仰していた。屋敷の庭には一家の氏神を祀った祠があり、龍吉も子どもの頃から両親とともに拝んでいた。
龍吉とジニーはグラスゴーで週二回、火曜と土曜の夜に会うことになり、デートのあと手紙を交わすようになる。龍吉が彼女に送った手紙は残されていないが、私たちはジニーのメッセージの中から彼が書いたおよそのことを知ることができる。龍吉は主に仕事上のことや日々の出来事、健康の状態を書き、ジニーは教会の様子や信仰の問題を書いている。

一八八三年二月十五日　木曜日　夜

リョウ様。今日、夕食のときにお手紙を受け取りました。無事に家に帰られたことがわかってうれしく思います。寒い中、一〇分も待っていたなんてかわいそうに。その間、私といっしょにいることができたかもしれないのに。それでも一〇分遅れてしまったのではなく、一〇分早かったのだからよかった。あなたが元気に幸せでいることを願っています。それではこの辺で。
手紙が短いからといって、誤解なさらないで下さいね。私には、しなくてはならない縫い物があるのです。それに夜がとっても短いということもお判りでしょう。どうしてもそれを仕上げてしまわなくてはならないのです。またお会いするまで、ご機嫌よう。

敬具
ジニーより

ジニーとエリザベスは質素に暮らしていた。ジニーが書店で働いて受けとる給料は、年間三〇ポンドぐらいだっただろう。当時、男性の非技能労働者の年間所得は約四〇ポンドだった。エリザベスはジョンと結婚する前、モスリン織物工場で働いており、織物に熟練していた。結婚後も家で手織り織機を操って布を織り、なにがしかの収入を得ていたようだ。二人の収入を合わせてもあまりゆとりはなかったが、グラスゴーは物価が安かったから生活は維持できた。

一八八三年二月十八日　日曜日　夜

リョウ様。こちらはとてもよい天気です。今年は夏が早くやって来るのではないかとおもいます。いつものように午前十一時に教会へ参りました。教会まではかなり歩かなくてはならないのですけど、とても気持が良かったですよ。太陽が美しく輝いていて幸せな気分になりました。教会までの道々、ずっとあなたのことを考えていました。あなたは何をしているのかしら。きっと本を読んでいらっしゃるのだわ。あなたも私と同じくらい幸せな気持だといいなとおもいました。断食日もこんなによいお天気だといいのですが。きっと楽しい日になるでしょう。

大好きなリョウ。あなたの気分がよいことを願っています。あまり勉強しすぎてもよくありません。勉強があなたの頭と目を痛めてしまうのではないかと心配です。火曜の夜、いらっしゃるのを楽しみにしています。私はトラムに飛び乗って大急ぎで家に帰ります。

心より愛をこめて。

あなたの親愛なる友、ジニーより

この頃、トラム（鉄道馬車）はグラスゴーの人々の日常生活に欠かせない乗り物になっていた。最初の馬車軌道が開通したのは一八七二年、市街電車に替わったのが一八九二年。その後、路線網は急速に拡張され総延長四三〇キロにも及んだが、一九六二年に路面電車はすべて姿を消した。

守護天使

ジニーにとって、土曜日は書店の仕事に忙しく、日曜日は教会で一日の大半を過ごしたから、龍吉に会うことができなかった。彼はしかたなくレンフリューの下宿で読書に打ちこんだ。二人はやがてやってくる夏を待ちこがれ、休暇を楽しみにしていた。

一八八三年二月二十二日　木曜日　夜

リョウ様。あなたの手紙を受け取って、とてもうれしいです。だってこんなに早く手紙が来るとは思わなかったものですから。無事に家へ帰られてよかった。あなたが長い時間をかけて汽車に乗って帰らなければならないことを思うと、じれったくなってしまいます。それに汽車はきっと、また遅れたことでしょうし。足の具合が相変わらず良くないのですって。何か塗ってみたらよいとおもいます。お医者さまのところに行けば何か薬を下さるはずですわ。

あなたは望みをかなえましたね。夕べ、グラスゴーは土砂降りだったのです。お陰で私は、びしょぬれになってしまって後悔したわ。このことを知ったら、あなたはうれしくなり身体の調子がよくなることと信じています。それでは、またお会いするまでさようなら。

愛をこめて

あなたの親愛なるジニー

二月の夜のプラットホームは寒く、汽車はたいてい遅れた。それに、もし最終列車に乗りそこなったらクライド川南岸の暗い夜道を歩いて帰らねばならなかった。龍吉はロブニッツ造船所で仕事の最中に足を痛め、このところ体調がすぐれない。

一八八三年二月二十五日　日曜日　夜

リョウキチ様。また安息日が過ぎました。あなたはきっと一日中部屋で本を読んでいたのでしょうね。落ちこんでいなければよいのですが。あなたは私と一緒にいないとき、気力を失うようなことがあってはならないのです。私があなたを元気にさせたいと思っていることを忘れないで。そして私のためにも落ちこんでしまわないようにして下さい。私はいつものように安息日を過ごしました。午前十一時に教会へ行き、午後三時半に日曜学校へ行って、六時半にまた教会へ行きました。私たちの牧師さまは、午前は「真実」について、午後は「正義」についてのすばらしい説教をなさいました。そして学校での学課は「天地創造について」でした。一日にずいぶん盛り沢山の教科があったでしょう。そうだわ、きっと今日はあなたと同じぐらいたくさん勉強したのだわ。ただ私はあなたほど出来がよくないのですけど。

木曜の夜、あなたは、私があなたを導く天使だと手紙に書いて下さいましたね。でもリョウ、私はとうてい天使には値しません。だって、私はとても弱くて愚かで簡単に道を誤ってしまいそうなのですもの。でも私は正しく導かれるように、あなたのためになれるように祈ります。私たちの天のお父様はきっとこれを聞いて下さっているし、これからも聞いて下さるだろうと信じます。私たち二人は正しく導いてくださる方、私たちよりも強い方を本当に必要としているとおもいます。私たちが考えたり願ったりするよりも、ずっと豊かに私たちのためにして下さるその方にお願いしましょうよ。そして、もし私たちがその方の恩恵を授かることができれば、私たちは真に祝福されるのです。

もし火曜の夜いらっしゃれなければ、水曜に来て下さい。来ることが出来ればのことですが。

敬具

ジニーより

おやすみなさい。私はもう眠りかけています。

ジニーは教会での活動と信仰の力について記している。彼女は彼の支えとしての責任を感じ、龍吉は感謝の気持をこめてジニーを守護天使とする願望を抱いている。龍吉にとって彼女は大切な心の拠り所になってきた。彼らが知り合って、ちょうどひと月が過ぎた。

龍吉はふたたび不眠症の苦痛を訴えたらしい。ジニーは教会で祈ることが唯一の解決法だと書いている。彼女はふたたび彼に教会へ行くよう説得しているが、龍吉はどうしても積極的な考えを示さず、彼女の申し入れに沈黙で応えている。

五〇年後、龍吉は四男、吉也《きちや》に次のような言葉をもらしたことがある。「耶蘇《やそ》へ入ったら、陛下に申訳ない」と。この言葉には日本国家と天皇への忠誠を彼自身の心情と一致させるため、生涯もがきつづけた心の葛藤が反映されている。

一八八三年三月一日　木曜日　夜

親愛なるリョウ。今日いつもの時間にあなたの手紙を受け取りました。

そんな、荒くれのように何度も上ったり下ったりしてお気の毒に。きっと今頃は、へとへとに疲れきっているのでしょうね。あなたが無事に船を下り、そして船がうまく走るよう願っています。お願いですから、機械を動かすときはくれぐれも注意して下さい。さあお祈りをして、よく気をつけて。怪我をしたり、どれかの指を落としたりしないように。

では安らかな眠りと心地よい夢を見られますように。

ジニーより

心をこめて。

造船所での仕事は危険がともない、つねに緊張していなければならなかった。そして作業日程が切迫してくると肉体的な消耗が激しくなった。スコットランドの男たちはイングランドの男に較べて平均身長が低いが、龍吉は他の労働者たちよりさらに背が低く、彼には心理的な負担となった。

一八八三年三月七日　水曜日　夜

リョウ様。もう寝る時間を過ぎているのですが、床につく前に短い手紙を書こうと思います。それにしても今日はひどく寒い一日でした。夕べ、家へ帰る前に凍ってしまわなかったかしら。あなたは十分に着込んでいらっしゃらなかったわ。外套をお召しになるべきでしたのに。あなたが寒さの中、あんなに長い道のりを帰らねばならないのを本当にお気の毒におもっています。そう、汽車には間に合ったかしら。ここにすこし長く居すぎたのじゃないかと心配です。

冬将軍は未練を残しつつ去ってゆくとおもいます。彼は春に場所を明けわたす前に、厳しい寒さを与えているのです。

あたたかい祈りをこめて。

あなたのジニーより

二人はデートを週二回と決めていたから、ジニーの手紙はしばしば短信に終わることが多く、時どき、龍吉につぎのグラスゴー行きを確認したりしている。すでに三月に入っていたが、まだ気温は低く、コートなしでは歩けなかった。

スコットランドの初等教育

一八八三年三月十一日　日曜日　夜

リョウへ。また安息日が過ぎました。私は一日をいつものように過ごしました。今日は私たちの教会で伝道の日曜日と呼ばれる日でした。毎年一回、その日には外国にある私たちの伝道区のどこかから宣教師をお迎えするのです。今回は二人でした。一人はインド、一人は中国からです。でも今日、彼らが私たちと一緒でなかったのは残念でした。あの方たちは私たちの教区とは別の教会へ行かれたのです。牧師さまは伝道について説教をなさいましたが、それはすばらしいものでした。牧師さまは「わたしは福音を恥としない。それはユダヤ人をはじめギリシャ人にも、すべて信じる者に救いを得させる神の力である」（ローマ人への手紙　I：16）という言葉を引用され、いかに福音が世界中を包み、世界の人々を一つのキリストの教えのもとに結集させたかについて解説されました。あなたは私が日曜日に聞くお説教について、ずいぶんおおく書くと思っているでしょう。でも私は日曜日を待ち望み、教会へ行くことを楽しんでいるのです。だから、私が楽しんでいることをあなたに教えたいのです。ちょうど私が、あなたが何を楽しみ何に興味をもっているのか知りたいのと同じように。

頂いたお花はまだとても元気できれいです。今日は何度も何度もその花を眺めました。そして何回も独り言であなたにお礼を言いました。唇がよくなるといいですね。なるべく口唇を乾かさないよう、ご忠告しますわ。

愛をこめて。

あなたのジニーより

ジニーは聡明で教養のある女性だった。ジニーの手紙にはこの地方の特徴的な言葉のくせが見られ、高等教育をうけた人のように磨かれた文章ではないが、彼女は自分の考えをはっきり述べている。手紙には教会の影響がつよく反映され、教会で得た知識が彼女の価値観を形づくっている。利口で、学ぶことに熱心なジニーは、マクギーチ書店で本や地図を売る仕事をつづけながら、書物から知識を取りこみ、教養を身につけたようだ。

ジニーは五歳ごろ地元の「教区学校」へ入学し、十三歳あるいはもうすこし早く初等教育を終えた。ジニーが学校へ通った八年間は、すでに国家による初等教育がすべての子どもに与えられていたが、この頃スコットランドは教育システムが変わる過渡期にあった。

グラスゴーが工業の中心地であったこの時代は、どの教区学校も定員を大きく上まわり、ひどい過密状態にあった。織物産業の膨張が労働者の子どもを学校に通わせることを困難にした。中でも労働者居住地区では読み書きのできない子どもが増え、大きい問題となった。この状況を解決し、学校へ行けない子どもを救うため、一八七二年、国はすべての子どもへの初等教育の保証と当局による教育スタッフの確保、そして学校設備の充実を保証する「スコットランド教育法」(Education Act for Scotland)を制定する。これによって、五歳から十三歳までのすべての子どもに初等教育が義務づけられた。

カリキュラムは「スリー・アールズ」(Three R's)と称され、男女とも「読み方(Reading)」「書き方(wRiting)」「算数(aRithmetic)」を基本にまなび、女子には「料理」「裁縫」「家計」が加えられた。教科には「歴史」や「地理」もあったが、これらを選択した生徒の親は別料金を徴収された。読み、書きで「スタンダード・ファイブ」の成績をとると早く進級できた。評価の段階はスタンダード・セブンまであり、成績のよい生徒は十一歳か十二歳で卒業した。

ジニーは五歳ごろから教区学校へ通いはじめ、八歳のときに教育法が施行されたから、それ以後は国の義務教育をうけた。彼女は聡明だったから、両親は奨学金の恩恵にあずかったかもしれない。当時、「改訂規約」(Revised Code)とよばれる制度があり、優秀な成績を修めた生徒には奨学金が与えられた。彼女はおそらく十三歳よりも前に義務教育を終えただろう。しかしグラマー・スクールや私立学校など中高等教育校への進学は、親に経済的余裕がなく断念せざるをえなかった。

一八八三年三月十五日　木曜日　夜

リョウへ。無事お帰りになれてよかった。走らせてしまって、ごめんなさいね。

今夜はあなたが来られるだろうと思いこんでいて、会えればうれしいなと考えていました。でも、いらっしゃらなかったから、明日(金曜日)のことだったのかとおもっています。今日まで私のところには手紙が届かないのを知っていらっしゃるのですから。

もし、金曜日にいらっしゃるということでしたら、この手紙が間に合ってあなたが来ないで済めばよいのにとおもいます。私、あなたに言ったと思ったのだけど、でもたぶん言い忘れてしまったのだわ。明日の晩、私たちリハーサルがあるのです。コンサートが火曜日にあるでしょう。だから今、猛練習をしていて、夜も特別に練習をしたほうがよいということになったのです。それで金曜日の夜がそれにあたっているのです。私は誠意をこめてコーツ先生と約束をしてしまったので、先生は私にまかせきっていらっしゃいます。だから、わかってほしいの。私が先生との約束を破ることは名誉にかけて出来ないことを。

土曜日、いつものようにお会いしたいと思っています。

愛をこめて、ジニー

ジニーはリハーサルで忙しい。龍吉にはロブニッツのストレスが重くのしかかっている。二人は互いの忙しいスケジュールの合間を割いて会うための時間をつくろうと努力し、ますます相手を気づかっている。

一八八三年三月十九日　月曜日　朝八時

リョウへ。この手紙を見て、私がこれを朝、書いているのだということがお分かりでしょう。どうやら、あなたに移されてしまったみたいです。きのうの夜、とても頭がぐらぐらして考えをまとめることができませんでした。あなたが自分は病気になるだろうと言われたことばかり気になって。たぶんただの冗談でいわれたのでしょうけれど。ほんとうに冗談であってほしいとおもいます。なぜなら、それによる悪い影響をあなたが受けて欲しくないから。病気なんかしないで幸せでいて欲しいのです。土曜日にお手紙を頂いてうれしくおもいました。あなたはいつもそうするべきよ。だって私に向けられたことは、すべて受け取りたいのですもの。私が何度あなたからの手紙を読むか、言うつもりはありませんが、一度きりではないのですよ。

あなたはロイセッティス教授が、よりよい記憶力を与えてくださると思っていらっしゃるようだけど、私には信じられないわ。おそらく先生はあなたにもっと精神の休養をすすめるでしょう。でもそれだけのために彼のところへ行く必要はないと思います。五ギニーは捨ててしまうにはあまりにも多すぎる金額です。彼にできるすべてのことを合わせても、軽々しく渡せるお金ではありません。あなたの記憶力が必要としているのは、もっと多くの休養と安らぎだと私はおもっています。あなたの心が物事に対して安らぐことができれば、記憶力はもっと良くなるでしょう。でもあなたはあまりにも多くの事柄に対して自分自身を悩ませているのです。物事から物事へと、あのような絶え間のないやり方でどうしてあなたの記憶力が損なわれないのか、不思議です。

ごめんなさい。私は水曜の夜まで、あなたに会えません。それまで、とても長くおもえます。でも元気を出して、週の残りはすぐ過ぎてしまうでしょう。さてここで終わりにしないと仕事に遅れてしまうわ。

お元気でいらっしゃいますように。

愛をこめて、ジニー

龍吉はロイセッティス教授のクリニックに通っていた。不眠症と偏頭痛の持病を治し、記憶力を増強させたいと彼は願っていた。ジニーはロイセッティス教授への治療代が五ギニーと聞いて驚いている。一般的には一ギニー（二一シリング）でも一回分の謝礼としては十分だが、五ギニー（五ポンド五シリング）となると常識外れの高額だといえる。当時の五ギニーを今日の貨幣価値に換算すると約二二〇（約四万三〇〇〇円）ポンドとなり、ジニーが「あまりにも多すぎる金額」と書いたのもうなずける。

文化背景の差異

一八八三年三月二十二日　木曜日　夜

リョウへ。あなたからのお便りを待ちこがれています。だってきのうの夜、汽車に乗れたのか、とても心配なのですもの。私は、たぶん今ごろあなたは暗く長い道のりをレンフリューまで歩いていらっしゃるのだろうと思いつつ起きていました。本当に間に合っていればいいのですけど。この次から気をつけなくては。そしてあなたを遅くまでお引きとめしないようにしなくては。もし私があなたを導く天使になるのでしたら、あなたを汽車に乗り遅れさせて、二人が不愉快な思いをするようなことをしては駄目ですよね。

私のお花はまだとても元気です。チューリップは今も開いていて枯れる様子はありません。私はこれを誇らしくおもっています。花が生き生きしているのがとてもうれしいのです。まるで花たちが私と一緒にいたいと思っているように感じます。そう思いませんか。それともお庭に植わっていたほうがいいと思っていらっしゃるのかしら。そうかもしれませんね。私は今、あなたが下さった財布を眺めていました。とてもすばらしくて持ち歩けないほど美しいのです。いつもこれを身につけているようにします。巻いて懐に入れています。そして時々ちょっとだけのぞいて見るのです。母は、これは本当に良いものだから大切にしなければいけないと言っています。母はあなたが親切すぎるくらいなのに私が有難うというのを聞いたことがないと言うのです。でも気を悪くしないで。私はあなたの優しさを感じていますし、心の中でいつもお礼をいっています。あなたのお便りが待ち遠しくて、たまりません。

愛と幸せを願って。

ジニーより

追伸　こんどの土曜日にはお花を買わないでね。まだ頂いたのがとても元気ですから。

龍吉にとって彼女は唯ひとりの相談相手であり、彼は彼女に気に入られるため大げさにジニーを賛美した。それに対し、ジニーは彼の褒め言葉の背景をキリスト教的な感覚で解釈しようと努めている。龍吉はジニーに、小遣いで買ったちょっとしたプレゼントや花をおくり好意を示しているが、彼女のほうは、やや困惑気味だ。

一八八三年三月二十六日

リョウへ。最近のお天気は変ですね。朝、あんなに風が強かったかとおもうと、午後にはこんなに穏やかになるなんて。今朝、教会に行く予定だったのですが、文字通り暴風雨だったので休みました。でも午後は行ってきました。午前中はずっと読書でした。あなたも一日中部屋にこもって本を読まれていたこととおもいます。頭痛はどうですか。そうそう、チューリップのことを是非お話ししなければ。夜中にねずみが上まで上ってきて花を食べてしまったのです。今朝、起きてみたら葉っぱが何枚か残っているだけでした。もう泣きたくなりました。どれだけ気を配って育てたかを思うと悲しくて仕方がありません。どれくらい枯れずにいられるのか、見たかったのです。あんなに手塩にかけたあげく、ねずみさんに食べられてしまうとは。

前のお手紙で、私の名前にすてきな意味をつけてくださいましたね。とても気が利いていますわ。エデンの園には蛇が入りこんできました。でもイーディンの園にそんなものが入ってこないとよいのですが。互いを知りあうことで、より高めあうのです。そしてこの世の生を全うしたら、二人は神の園へ移るでしょう。そこで永遠の生を受けるのです。

愛をこめて、ジニー

この手紙の中に、二人が将来を共にしようとする夢が暗示されている。龍吉はクリスチャンではないがスコットランドに長く住み、聖書の考え方についてかなり精通していた。イギリスに留学した他のおおくの日本人留学生と同じように、彼も下宿の女主人や保護者であるヘンリー・ロブニッツによって教会での礼拝に参加するよう仕向けられたはずだ。このキリスト教国では、日曜日は教会に出席することが社会的義務だった。イギリス人保護者には海外からの留学生を教会にみちびく責務が課せられていた。当時、ヴィクトリア時代の物質的発展は神、すなわちキリストのなせる業だとする考え方があり、留学生にキリスト教を伝えることは神によって与えられた工業社会におけるイギリス人の責務だった。

龍吉とジニーがマクギーチ書店で最初に出会ってから二ヵ月が過ぎた。すでに彼らは互いを知り、将来への希望と可能性を探っている。しかし交際がより深くなるにつれて二人の育った環境の文化的差異が、ぼやけてはいるが亀裂となって二人の間によこたわり、互いを隔てているのを感じはじめている。龍吉はつねにレンフリューの生活で何らかの問題をかかえ、その問題をジニーに向かって投げ返している。

3

花ひらく恋

1883.4–1883.8

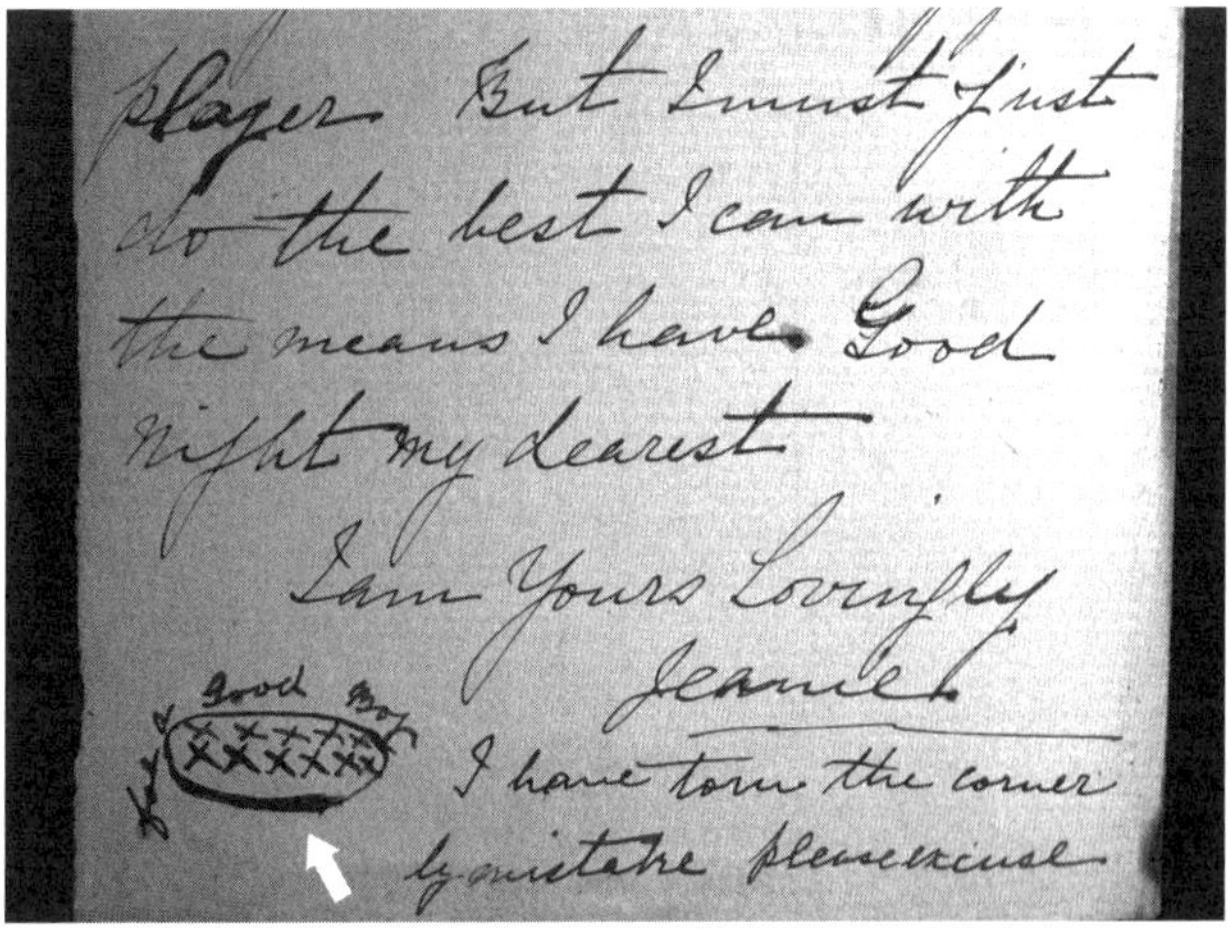

player But I must just
do the best I can with
the means I have. Good
night my dearest.
I am Yours Lovingly
Jeanie.
Good Boy
XXXXXXXXX
I have torn the corner
by mistake please excuse

キスマークが添えられたジニーのサイン

重圧

龍吉の頭痛は日曜日の読書が過ぎたせいなのか、それとも青年期特有の偏頭痛だったのだろうか。彼は暖かく、日ざしがつよい土佐で育った。しかしスコットランドの冬は土佐とは対照的に一日中どんよりと雲におおわれ暗くて寒い。北ヨーロッパに来た日本人留学生は夏の日没が遅いのに驚き、年中たそがれの中に生きているように感じる。龍吉は早朝、薄暗い時間に下宿を出て工場へ向かい、夕暮れのせまるころ一日の仕事を終えた。作業中はリベットを打つハンマーの轟音が耳を聾し、仕事が終わっても頭の中は騒音に満ちていた。

四月がきた。クライド川をわたる風はまだ冷たいが、少しずつ日が長くなり陽射しは輝きを増してきた。龍吉とジニーは相変わらず週二回のデートをつづけ手紙を交わしていた。郵便で交わされる二人の対話は今や彼らの生活に定着し、互いの考えや計画を示す上で不可欠なものとなっている。

グラスゴー市ポーロック街六七番地
一八八三年四月二日　月曜日　朝

リョウへ。きょうはあなたの気分が良くなっていますように。先週の土曜日はご気分がよくないように見えましたので。お別れした後、もっと長い時間いっしょにいることができたら、と考えていました。土曜日の午後が空いていたら、どんなに良いかとおもいます。でも、その日、働かなければならないのが私の宿命なのです。それで私は覚悟を決めました。悩んでも仕様がないし、楽しくはならないのですから。それが運命であるのなら、それを受け入れ明るく生きなければなりません。そう、明るく、明るく。あなたと別れた後、あなたが寂しい思いをしているかとおもうと胸が痛みました。

昨日はいつものように教会へ行って、神の性格について説教を聞きました。よいお天気でした。休養と太陽の光があなたの気分をよくしてくれれば、と考えていました。ああ、あなたがグラスゴーに住んでいらっしゃればいいのに。でもレンフリューにあなたの仕事があるのを知っていて、あなたにそうしていただくことはできませんものね。結局のところ一週間に二度お会いできてうれしいし、もっと頻繁に会えるときが来るよう希望をもって生きていきます。

今、九時一五分です。もう手紙は終わりにして、着替えなければなりません。そろそろ出かける時間だわ。明日の夜、いつものようにお目にかかれることを信じて。

あなたを愛するジニー

グラスゴーとレンフリューの間は、短い距離なのにとても離れているようにみえる。書店で仕事のないとき、ジニーは自分の考えをまとめて彼へ送り、龍吉も造船所の休憩時間に不調を訴えた短信を彼女に宛てている。手紙は朝、ポストに投函すると、同じ日の夕方にはレンフリューに配達された。電話はすでにグラスゴーに開通していたが、まだ一般に普及していなかった。電話機はごく限られた事務所や少数の富裕な家庭に備えられていたが、ポーロック街のテネメントハウスの住民には縁のないものだった。

一八八三年四月十二日　木曜日　夜

いとしいリョウ。今日、あなたの短いメモを受けとりました。また、ひどい頭痛がすると知り、心配しています。私に治すことが出来ればよいのに。でもきっと、すぐによくなるとおもいます。土曜日、お会いするのを楽しみにしています。四時頃には家に帰っているつもりです。でも確実にとは言えませんが。だから家にこられて私がいなくても、私が帰ってくるまでどこにも行ってしまわないでね。

愛をこめて。

あなたのジニーより

イギリス生活の重圧に苦しんだ留学生は龍吉だけではない。おおくの学生が寒い気候と孤独に悩まされ、耐えられなくなった者は途中で勉学を捨てて帰国した。学生に共通した不満の原因に留学費の不足があり、好みの生活スタイルを見いだした学生とそれができない学生との間に格差が生じた。重圧に苦しんだ学生はカルチャー・ショックからも立ち直れず、帰国するしかなかった。

明治の文豪、夏目漱石もイギリスに留学中、神経症に苦しんだ。漱石は一九〇〇年から二年間ロンドンに留学したが、留学費の不足、不自由、孤独感に悩み神経衰弱になる。下宿を転々と変えるが症状が強くなり、他の留学生を通じて精神異常のうわさが日本に伝えられる。気分転換のために自転車を練習したり、スコットランド旅行をしたのち日本へ帰国した。

龍吉は留学六年目をむかえ、造船実習は最終段階に入っていた。ドックでの肉体労働とともに製図の宿題もあったから、疲れはたまる一方だった。それにコミュニケーションの問題があった。スコットランドやアイルランドの方言に悩まされ、労働者との意思疎通に苦しんだようだ。彼はスコットランド人やアイルランド人にくらべ背丈が低くほっそりしていたから、子どものように扱われることもあった。しかしジニーは、龍吉が不利な肉体的条件や精神的問題を乗りこえるよう励まし勇気づけていた。

一八八三年四月十六日　月曜日　朝

リョウへ。私は朝、これを書いています。すごくさわやかな気分で、そうせずにはいられないのです。早起きをすると頭がさえてくるのです。だから、これからも早起きを続けようと思います。六時すこし過ぎに起きたので、とても気分がいいわ。

土曜日にお会いできなくて寂しかったです。あの日はとても忙しかったのですか。何かご都合の悪いことがあるのを感じました。あなたの製図が完成すればよいと思います。

ではリョウ、よい朝を。そしてまた会うときまでご機嫌よう。

愛をこめて、ジニー

龍吉はレンフリューの仕事に忙しかった。グラスゴーへ出かける余裕がなく、マクギーチの店へもポーロック街へも行けなかった。ジニーは週末に彼と過ごせないのを物足りなく感じている。

一八八三年四月二十三日　月曜日　夜九時三〇分

リョウへ。ちょうど一時間前にお手紙が届きました。夕食の時には着いていなかったので、がっかりしていたのですよ。いつもは夕食の時に受けとっていたのに。どんな理由か分かりませんが、これで二回も夜になるまで届きませんでした。

お手紙から判断して、あなたは少しユーモアに欠けていらっしゃるようです。ほんの少しですが、ご自身とレンフリューの人たちに対して意地悪くなりがちだとおもいます。「だが、怒ることなかれ、リョウ」あなたは安息日に、もう少し新鮮な空気を吸うようにすればずっとよくなるでしょう。「さあ、そして力を奮いおこしたまえ」(『フート・シャンクスと仲間たち』) そしてよく散歩をして頭の中からもやもやした気分を吹き飛ばすようになさってね。

ああ、でもあの嫌なレンフリュー。あなたのおかげで私も大嫌いになってしまったわ。まだ一度も行ったことがないのに。でもリョウ、あなたは安息日には少しでも散歩をして、レンフリューの人たちにいらだたされることなく神様の造られたものを楽しむべきだとおもいます。彼らのことは考えず、ただ美しい日の光の中で神様があなたに微笑みかけていることだけを考え、もし私が一緒にいたらどんなに微笑んでいるかを思ってみてください。

あなたがおっしゃっている人たちはクリスチャンではありませんわ。あの人たちは神様を礼拝するために教会へ行くのではなく、マモン〔Mammon＝強欲の神〕や富の神を拝むために行くのです。だから陰気な顔をしているのよ。もし神様を礼拝していたら、きっと微笑んでいるでしょう。惑わされないでね、リョウ。私を信じてください。キリスト教は神話ではなく真実なのです。楽しむべき人生であり、幸福なのです。どのような世界を与えるとか、奪うとか、できないものなのです。

さあ、ここで終わりにしないと永遠に書き続けてしまいそうですわ。

ではおやすみなさい、リョウ。

愛をこめて、ジニー

レンフリューで龍吉は粗野な扱いを受けたらしい。彼女は、同胞であるスコットランド人のふるまいが、龍吉のスコットランドへの信頼を損なわせるのではないかと心配している。

新しい友人

一八八三年四月二十七日　金曜日　夜

リョウ様。きょう、夕食のときにあなたの手紙を受けとりました。お昼に届いたと母が言っていますので、察するところ、あなたはこの手紙をポストではなく郵便局で投函されたのでしょう。だって、いつもより早く着いたのですもの。あなたが、お国からいらした人に会われるのはとても良いことだとおもいます。その方はあなたの故郷のことについて、いろいろとお話しになるでしょう。お国から来られた人に直接会われることは、あなたにとってすてきなことに違いないとおもいます。だから明日、あなたがその方といっしょに過ごされることをとても喜んでいます。あなた自身、楽しむことができるでしょうから。少なくとも私は心からあなたが楽しまれることを望んでいますし、一日中晴れ渡ったよい日になるよう望んでいます。ときどき土曜日があなたにとって、ひどくつまらないものではないかと感じています。私は、ほんの少しの時間しか一緒にいられませんしね。レンフリューのあの人たちはあなたが交際するのに向いていません。あの人たちはひどく無作法で教養のない田舎者です。本当に私は自分の国の人々を恥じてしまいます。

でもすべての人が彼らのようではない、と言えるのが救いです。ここにはレンフリューの人に負けない、よい人が多くいます。では、おやすみなさい、あなた。明日がよい日になりますように。あなたが楽しんでいらっしゃると思えば、私は満足して幸せになれます。

愛をこめて、ジニー

かなり長い間、龍吉はグラスゴーにいる日本人留学生と親しい付き合いがなかったが、ようやくこのころ新しい友人を得て友達づきあいをするようになった。新しい友人は九里龍作《くりりゅうさく》といい、後にジニーの手紙にしばしば登場する。土曜日に龍吉と九里龍作はテニスかゴルフか、野外のスポーツを楽しむ予定だったらしい。このところ龍吉は製図にかかりきりで忙しく、気分転換が必要だった。ところがこの日は雨になった。そこでスポーツの代わりにカード遊びをした。

一八八三年四月三十日　月曜日　夜

リョウへ。今夜、私からの手紙が届かなくて、がっかりなさっているでしょうか。でも、そうじゃなくても今夜はたぶん起きていらっしゃるでしょう。

それにしても配管工がガス管の工事をしているときに来ていただかなくてよかった。それはひどい騒ぎでした。ドアはぜんぶ開けられて配管工が家の中を行ったり来たり。もしあなたがいらしても、あまり愉快に過ごされなかっただろうとおもいます。土曜日に雨が降っているのを見て悲しくなりました。あなたのよい日が台無しになってしまうとおもったからです。でもあなたのお友だちが、そのような日に遊んだりするおバカさんだとはおもいませんでした。たぶんお友だちはあなたを家へ招かれて、ともに愉快な午後を過ごされたのでしょう。

トランプ遊びに害がないというあなたのお考えに私も賛成です。トランプ遊びは、それ自体まったく害はありませんし、だれも傷つける力をもっていません。トランプを娯楽の道具にするか、不幸の道具にするかは、それで遊ぶ人たちの動機によります。例えばお金のためにトランプ遊びをして得たお金は不誠実なものだとおもいます。私はそれに関わりたくはありませんし、そのような目的で参加したいとも思いません。あなたはお金のためにトランプをすることは正しくないと感じていらっしゃるのですから、立派に節操を保たれているとおもいます。お金のためにトランプをすることをあなたに薦める人は、節操をわきまえていないはずです。あなたのすぐれた節操が、節操のない人によって犠牲にされてはなりません。私はたとえ良いことがあっても邪なことをしてよいとはおもいません。でもこれは私だけの考えです。何故なら、こういうことを考えたのは初めてですので。あなたは私より年上ですし、おおくの経験を積んでいらっしゃいます。私は賭事について何も知りませんし、見たこともないので、あなたの方がずっとよりよい判断ができるに違いありません。

ロシエッツ教授に美術を習うおつもりなのですね。ねえあなた、もしあなたが正しいと思われるのなら、私はそれについて何も言うことはありませんわ。でも彼は授業料を値上げされたのね？　以前、あなたは五・五ポンドといわれたのに今晩は六・六ポンドとおっしゃるのですもの。

あなたは私に日本語を習わなければならないといわれました。そうね、私もぜひ習いたいのですけど、でもあなたが完璧に英語を話されるように、私が日本語を話せるようにはなれないわ。ああ、どうしましょう。あなたに、私の通訳になっていただかなくては。

さあ、そろそろ寝る時間なのでこの辺でやめないと。母が目を覚まして、すぐにベッドに入らないとガスを消してしまうわよ、といい出すでしょう。

永遠の愛をこめて、ジニー

ジニーは龍吉をギャンブルに誘った彼の友人に良い印象をもっていない。一方、日本語を習うべきだという彼の提案には理解が早かった。龍吉は将来、ジニーを日本へ連れてゆこうと考えていた。この問題は二人の間ですでに話し合われていたようだ。彼女はグラスゴーの外へ出たこともなければ、ロンドンへ行ったこともない。けれども彼女はその提案に積極的に反応した。彼女は自分の未来を世界の果ての島に夢みていた。

繁栄の裏側

一八八三年五月十三日　日曜日　夜

いとしいリョウ。あなたは一日中部屋で座っていらしたのでしょう。ええ、私もそうでした。三時半までは。今朝は教会に行かなかったのです。とても気分が悪かったので。のどがひどく痛く、頭痛がしたので、家にいて、日曜学校に行く時間まで本を読んでいました。でも今はすっかり気分が良くなりました。あなたの気分も良くなって、それが続くことを願っています。

夕方は教会に行って、いつものようによいお説教を聞きました。あなたに頂いた花はまだとてもきれいです。そして、そうだわ、今日あった小さな出来事をぜひお聞かせしなくては。

今日、服を着るときにユリを一輪とストックの花を胸につけました。そして日曜学校のあと、肺病で死にかけている気の毒な女性のところへお見舞いに行ったのです。それはそれは見すぼらしい家で、何も明るいものがなく、窓からは石の壁のほかに何も見えません。緑の木々も、空すら見えないのです。女の人はとても弱っていて息をするにもあえいでいました。本当にかわいそうでこの人のために何かしてあげたいと思いましたが、私にできることは何もありません。それで胸の花が、なぐさめになり元気づけるのではないかと思い、彼女にあげました。あの人は花を見てとても喜びました。娘さんが花をあの人の横に飾りました。私は、ほんの小さな喜びでもあげることができて、すごくうれしくなりました。

私があの花からそのような価値を見つけだすとは思われなかったでしょう。でも、もしあなたが私の立場だったら、あなたは親切な人だから同じようになさったでしょうし、きっと、もっと親切になさったでしょうね。女の人はとても落ち着いていて、少しも死を恐れていませんでした。それで私は、さようなら、あなたは家路に就こうとしています。そしてあなたが次に行く場所は天国であることが分かります、と言いました。その部屋から出るとき私は、ふと彼女の運命も悪くはないと思いました。なぜなら、この世のすべての悲しみや悩みから離れてキリストと共にいるのですから、ずっとよいのです。別に、生きることがいやになった訳ではありません。いいえ、とんでもない。私はこの世に生きていて、とてもうれしいのです。そしてこの世を去る前に何か良いことを成し遂げられるように願っています。あなたの手紙が明日とどくのを、いつものように待ちこがれています。そしてあなたが明日の夜、いらっしゃるのを期待しています。もし明晩、来られなかったら火曜日の夜に待っています。

大好きなリョウへ

愛をこめてジニー

ジニーが訪ねた貧しい女性は、ハイ・ストリートかソルト・マーケットのスラム街に住んでいた。これらの地区に住む人々は劣悪な生活条件に耐えて暮らしていた。ほとんどの部屋に窓はなかったから日ざしに恵まれず、外へ出ると下水が通りを流れていた。スコットランド教会は社会的役割を果たすため、各教区ごとに貧窮者への訪問活動を組織し、恵まれない人々の救済にあたった。

膨張しつづける工業都市では伝染病が流行した。当時スコットランドではコレラが三回にわたって大発生しているが、原因は人口の過密と貧困地区の不衛生な環境にあった。一八六六年にグラスゴー市は「グラスゴー市改良条例」を制定し、都市再開発会社を組織して都市環境の改善に乗りだす。その結果、「再開発会社によって一万六千人が住む老朽住居が撤去され、一八六六年以来、二万七〇〇〇人が住める一室、もしくは二室の新しい住居が建設された」と保健衛生担当官が報告している。しかし、貧困者用の住宅建設は人口増加のスピードに追いつけなかった。一八八八年発表の報告書では、いぜん人口過密の状態は改善されないとして、市の担当官は「五歳に達する前にグラスゴーで死亡する子どもは、一室だけの住居の子どもが三二%を占めている。五室、あるいはそれより多く部屋のある家での幼児死亡は二%にも満たない。一室だけの住居で死亡した小さな亡骸はテーブルの上、あるいは食器戸棚に横たえられ、その子の兄や姉たちはやや離れたところで恐ろしい死骸と同席し、食べたり眠ったり遊んだりしている。生まれた五人の子どものうち、一人は次の誕生日を迎えることができずに死んでしまう」と述べている。

キリスト教への関心

一八八三年五月十九日　木曜日　夜

親愛なるリョウへ。寝る前に数行だけ。今日、ご気分がすぐれていますように。そしてあの不快感と疲労感に悩まされていませんように。夕べはよく眠れたでしょうか。あなたを眠らせるのによいことなら何でもしてあげたい。私の眠る力を半分あげたいわ。そしてあなたの目覚めている力を半分、私に下されればよいのに。私は眠りすぎるのです。なぜなら必要なときに起きている力がないから。これが、あなたのお尋ねになった出版業者の住所です。

エドワード・スタンフォード

SW　ロンドン　チャリングクロス　五五番地

おやすみなさい。

あなたを愛するジニー

すでに五月も半ばを過ぎ、ようやく厳しい冬の寒さは去った。しかし龍吉は心身の疲労からまだ立ち上がれない。ジニーは読書で得た知識と認識によって、彼にキリスト教の見方を理解させる可能性を見いだした。彼への説得は彼女自身の視野を広げるための挑戦でもあった。

一八八三年五月二十七日　安息日の夜

いとしいリョウ。あなたから届いた手紙をちょうど整理しているところです。そのうちの何通かを何回も読み返しています。でも、これまで何度そうしたか、あなたには言いませんわよ。あなたの新案の造語は気に入りました。ご自分で造り出すなんて、あなたらしく賢く考えられたのね。全体の中では三位一体が好きです。というのは分かりやすいからです。モノグラムも素晴らしいですね。とても気に入っています。Ｒの字もＪの字もとても綺麗に見えますわ。

あなたが送って下さったケーキのレシピにもう一度目を通したのですけど、私の力では及びそうにありません。

どうやって事態を収めるべきか考えあぐねているのですが、若い女性にロシエッツ教授に当たってみるよう言うつもりです。今、私の心があなたを悩ましているのでしたら、そうお尋ねになること自体、あなたが精神主義者だと思えませんわ。私たちの精神には私たち自身が何も知らない共有の霊的交感があると思うの。私はほとんどすべてのものの中に三位一体を見るのです。私たちが結ばれるとしたら、それは私たちの精神に神の精神が作用するのです。私たちを自然に結びつけることができるのは私たちの精神的部分のみであり、私たちの精神に対する神の精神の影響によって起こりうるのです。事実、あなたとの関係について考えれば考えるほど、人間の力以上のものが働いていること。そして私たち二人を引き寄せることに神様が何か目的をもってそうされたのだと信じています。そうであると考えることに喜びを感じますし、私たちが神様の精神に応えるのなら、神様とともに一つになることを望みましょう。

精神について言うなら、私たちは昨日、まさにそのテーマについての美しい賛美歌を歌いました。そして、私たちが一緒になれることをお祈りしました。その言葉を同封します。あなたが気に入ってくれることを望みます。

では親愛なるリョウ、明日の夜に会えることを信じて。

愛をこめて、ジニー

私に宿る、恵み深き聖霊。

癒しと救いの言葉とともに私は恵み深く生きるだろう。

優しく勇気ある行動で私の中に在るあなたの命を示そう。わが主キリストに代わって語ろう。

私に宿る、誠実な聖霊。

私は誠実に生きるだろう、優しく澄んだ英知とともに。

親しみあるふるまいで、私の中に在るあなたの命を現わそう。語ろう我が主の誠実を。

私に宿る、やさしい聖霊。

私はやさしい存在だ。誘惑の暗闇に在る花のように私は心は閉ざす。

太陽が輝くとき心は開く、芳しき香りによってあの人の愛も。

私に宿る、静かな聖霊。

私は静かな存在だ、生い茂る葉のように静かに。

それは大地の中で育まれる。流れる冷気と霧が去ってゆく朝の光のように静かに。

私に宿る、力強い聖霊。

私は強く生きるだろう、打ち勝つために力強く。

助けが無ければ人は失敗するに違いない。力強く希望を持てば何事も支えられ推し進められる。

私に宿る、神聖な聖霊。

私は清らかに生きるだろう、罪から離れて。

私はあらゆる物事の善なるものを選び大切に育てるだろう、
私に与えられたものは何であれ、あの人に贈ることができる。


ジニーは運命の手によって二人が結ばれたと考える。そして神の意思を感じた彼女は龍吉に讃美歌の詩を贈った。一八五五年に作詩された「私に宿る恵み深き聖霊」は礼拝のとき歌われる聖歌で、トーマス・リンチの詩集『小川の話し合い』の中の一篇である。リンチは十九世紀のイギリス会衆派教会の牧師で、長年ロンドンにおいて活動した。自然崇拝者として有名だったリンチは「キリスト教の詩歌は生命の水の流れであり、私の小さな川はその流れに寄与している」と述べた。しかしリンチの自然認識は、しばしば論争をひき起こした。

信仰に対するジニーの強い感性が、リンチの賛美歌に動かされたのは当然だろう。しかしこの詩を読んだ龍吉は何を思っただろうか。この詩に対する答として、龍吉は後に「神はいずこに」と題した自作の詩を彼女に贈っている。

プロポーズ

このところ彼らは婚約のプランを相談するのに忙しい。たぶん二人はこの問題をジニーの母、エリザベス夫人にすでに話していたかもしれない。結婚話は少しずつふくらみはじめている。

一八八三年六月一日　金曜日　夜

いとしいリョウ。頭痛がすると聞いてかわいそうに思っています。きっとあまりにも多くのことに頭を悩ませるからですわ。あなたの発明が成功することを願っています。私はあなたの家の紋章の図柄がとても好きです。こういうことをいろいろ知るのはとても興味深いことです。

ねえリョウ、あなたが馬車のことで頭を悩ませないように、とおもっています。私はあなたが馬車を持っていない方がよいとおもいます。私が結婚するのは馬車じゃなくてリョウキチさんなのですよ。馬車がなくても私は幸せでしょう。馬車を軽蔑する訳ではありませんが、欲しくてたまらないものではありません。たとえ便利なものであっても、不都合や大きい出費をともなわずに得られない限り、それは無くてもよいものです。小さなことに満足せず更に大きな事柄へ上がってゆくのはよいことだとおもいます。でも、このことについても、他のことに関してもすべてあなたの判断におまかせします。だってあなたは私より頭がいいし、あなたのすることはすべて正しいのだと、私は全面的に信頼しているのですから。

あなたが頭痛に悩むときは私の隣に居られるとよいのに。私の頭をあなたの頭に押し当てて治してあげられるのに。でも運命が別のやり方で治してくれていますわ。さて、一緒に居られるときが来るまで楽しく過ごしましょう。そして未来を楽しみに待ちましょう。

愛をこめて、ジニー

彼らの結婚計画はまだ二人の間だけの了解事項だった。ジニーの母エリザベスは認めたかもしれないが、龍吉はまだ東京の両親にこの話をしていない。母、美津の手紙にあった「もしスコットランド娘を連れ帰るようなことがあっては父上に申し開きできない」という一言が、龍吉の頭のなかに鳴り響いていたはずだ。

龍吉は馬車が欲しい。だがジニーは馬車がどれほど高価なものであり、それを維持するためにどれほど費用がかかるかを知っていた。馬車は留学生が持てるものではなく、ジニーにとって問題外だった。結局、ジニーの主張どおり馬車は二人に不可欠のものではなく、龍吉は入手を断念する。しかし龍吉は馬車への想いを捨てきれなかったらしく、一八年後、東京でその夢を実現させている。

一八八三年六月四日　月曜日　夜

リョウへ。今日、私からの手紙が届かなくて、がっかりなさらないように。今夜はここへいらっしゃるでしょうから、手紙と同じぐらい早くあなたとお話できるとおもったのです。

今夜、八時一〇分過ぎになってやっとあなたの手紙が届きました。そして明日の晩まで来られないと知って、手紙を出さなかったのは悪かったとおもいました。発明がうまくいってうれしいです。調子よく動くとよいですね。

さて、リョウ。私は馬車を持っているから、その人と結婚するような女性だとあなたが考えている、などというつもりはありませんでした。あなたがそんなふうに私のことを思うだろうなんて私の頭にはありませんでした。あなたはこの前の手紙で「もしぼくが貧しくて馬車が買えないようなら、結婚も出来ない」と書かれましたが、私はそのようなことが私たちの結婚を遅らせはしない。それが私の幸せに必要不可欠なものではない、ということを伝えたかっただけです。

では、おやすみなさい。あなたが枕を抱きしめたり、キスしたりせずに済むようになりますように。何故ならあなたの夢は現実の影だと思うから。「やってくる出来事はその前に影を投ず」私がその枕だったらよいのにとおもいませんか。

愛をこめて、ジニー

下宿でも龍吉は発明や製図の仕事に忙しい。だが頭の中は結婚計画が占めている。ジニーは聖書を読むよう彼を説得する。龍吉は、キリスト教の信仰が彼女にとってどれほど重要であるかを知ることが、彼女をより深く知ることになるのかもしれないと考えた。彼は聖書を読むことに同意した。

一八八三年六月六日　日曜日　夜

リョウへ。すばらしいお天気でしたね。こんな美しい日にあなたが悲しい気持になっていなければよいとおもいます。教会に行く途中、すべての人を幸せにしてあげたい気持でした。もちろん教会へは二度行きました。午前はコーツ牧師が「あなたが私を愛して下さったその愛が彼らの中にあり、また私が彼らの中にいるためです」という言葉を引いて美しいお説教をなさいました。この言葉はヨハネによる福音書第一七章二六節の最後の行に出てくるものです。コーツ牧師は巧みにそれを解釈なさいました。本当によかったです。ねえ、リョウ、ぜひその章を読んで、それについて何を考えたか教えてください。これはキリストが弟子たちのためになさった最後の祈りなのです。そして夕方にもう一つ、神の普遍性についての説教がありました。それも実にすばらしくて、とても幸福な気持ちになりました。

私の幸福における唯一の影は、あなたが恐らく部屋で悲しそうに座っているのではないかという思いでした。あなたが幸せでいることを知ることができたら、きっととてもうれしかったでしょうに。あなたがこれを読むとき「あの嫌なレンフリューのせいさ。レンフリューなんて大嫌いだよ」と言っているのが、聞こえるような気がします。でも、そこにいなくてはならない限り、好きになるように努力しなければいけません。もし好きになることができたら、あなた自身ずっと楽だし気分もよいのにとおもいます。

いつになれば安息日が私と同じように、あなたにとって良いものになる時がくるのかしらと今日考えていました。でもくよくよしないでも、きっといつかそうなる時がくるでしょう。私たちは為さなくてはならないと分かっていることを為すことに満足しなければなりません。そうすれば解放されるときがくるのです。さて、とても眠くなったのでお休みなさいを言います。もし朝、時間があったら何か、もっと書き足します。

愛をこめて、ジニー

追伸　月曜日、朝。時間がありません。遅れるので行かなければ。でも夕食のときにあなたの手紙を待っています。よい朝を。

龍吉が元気を失っているのはレンフリューのせいではない。もし小一郎が結婚の計画を聞いた場合ひどく立腹することを予想したからだろう。

六月六日付の手紙のあと、七月にかけて一一通が送られた。だが、その大半は紛失し、四通しか残されていない。ジニーの手紙には龍吉自身が書き入れた整理番号が記されており、六月六日から七月十六日までの番号が欠けている。

ポテト畑

つぎの七月十六日付の手紙は差出された場所がポーロック街ではなく、グラスゴー郊外の保養地カードロスから投函されている。ジニーは夏休みの休暇をとり、母を連れてジェフリー夫人の家に投宿した。そしてカードロスに着くとすぐ龍吉に手紙を送り、一緒に夏休みを過ごそうと誘った。

ブルームフィールド　カードロス
月曜日　朝（一八八三年七月十六日）

リョウへ。今、月曜日の朝ですが、日付が思い出せません。私たちはちょうど二時間前に着きました。ここに滞在するのが、とても気に入りそうです。水曜日にいらっしゃるのをお待ちしています。どうぞ折り返しつぎの手紙で、どの汽車でいらっしゃるのかお知らせください。あなたが一日か二日、滞在してくださったらとてもよいのに。一緒にいることができたら楽しいでしょうね。この家には他に部屋がないのですが、近くにホテルがあります。ホテルで泊まることを考えてくださいませんか。食事は私たちといっしょにとれます。私は月曜日までここにいます。もしそれまでいて下さったら、すごくうれしいのですが。でもそれはすべてあなたにおまかせしますわ。あなたの予定がどうなっているのか分かりませんから。

愛をこめて　　あなたのジニーより

滞在先住所　ブルームフィールド　カードロス　ジェフリー夫人方　J・イーディー

カードロスはグラスゴーの西およそ三〇キロ、クライド川河口に近いダンバートン州の小さい町である。今でも人気の保養地で、町にはレンタルのロッジが並び、夏のシーズンになると都会の人々が田園生活を楽しむためにやってくる。一八八二年の地名事典には「美しい森が、クライド川とレーベン湖からゆるやかに高くなったアードモア岬を包んでいる。そして海抜三一〇メートルの尾根が境界をなして連なっている」と記されている。

ジニーと母エリザベスはグラスゴーから一時間ばかり汽車に乗り、この町に着いた。間もなく龍吉も彼女たちに合流した。二人は町はずれを散策し、未来を語り合った。森を越え農地を過ぎ、牧場を歩いた。牧草地に風が渡ると牧草は波のようにざわめいた。農夫のふるう長い鎌が日の光にきらめいていた。畑には一面、白いジャガイモの花が咲いていた。初夏の微風にゆれる白い花を二人は夢見ごこちでみつめた。龍吉は久しぶりに造船所の喧騒から逃れて土の匂いをかぎ、胸いっぱいさわやかな空気を吸った。だが彼にはレンフリューでの仕事があり、長く滞在できなかった。

ブルームフィールド　カードロス

土曜日　朝（一八八三年七月二十一日）

リョウ様。今朝ベッドの中でうとうとしていた時に、あなたの懐かしいお手紙を受け取りました。申し上げるまでもなく手紙を手にしたとたん、すっかり目が覚めました。

憂鬱なご気分と聞いてお気の毒におもいます。でも、すぐ良くなるでしょう。母はあなたがここを出られた二時間後にグラスゴーへ帰りました。これ以上ここにはいたくなかったようです。家に帰りたくてうずうずしていました。という訳で私は今まったく一人です。あなたに会えないのは淋しいけれど、一人でも楽しくやっています。
こんどの月曜日の夜は残念ですが、お会いできません。友達のところに長く泊まることになりましたので、水曜日までお会いできそうにありません。でも水曜の夜には元気なあなたにお目にかかれます。ジェフリー夫人があなたによろしく伝えてほしいとのことです。あなたといっしょにいてとても楽しかったし、あなたも楽しんでくれたとおもうといわれていました。ではこの辺で。水曜の夜までさようなら。

郵便馬車をつかまえに走らなくては。間に合うといいのですけど。

愛をこめて、ジニー

龍吉はカードロスでジニーやエリザベスとともに短い休暇をすごし、今やイーディー家の家族の一員になった。ジニーは彼が憂鬱な気分から回復することを願っている。

東京からの便り

グラスゴー市ポーロック街六七番地
一八八三年八月一日　月曜日　夜

リョウへ。今夜は一人で部屋に座っています。母はもう床につきました。身体の具合がとても悪いのです。今夜はあなたのことばかり考えていました。考えすぎて、ほら、手紙の書き出しに水曜日夜と書くかわりに、あなたがここにいた月曜日の夜と書いてしまいました。
「死に瀕した若者」はよく分かります。あの歌は、ペイシェンスオペラ(1)の歌の一つなのですね。美術雑誌が届きました。絵を見ながら、この号はとてもよいと感じました。二つばかり印象的な絵がありました。一つはとびらの絵です。二つめがどれかは、あなたに当ててもらいましょう。どれが私の好みにぴったりか、分かるかしら。
土曜日に会うのを楽しみにしています。

愛をこめて、ジニー

××××　この前の土曜日に会えなかった分です。

この手紙の終わりに最初のキスマークがしるされている。二人はカードロスで一夜をともに過ごし、愛の花を咲かせたのだろう。しかし日本からの便りは彼らの情熱を冷やす現実を突きつける。龍吉が母の美津から受け取った手紙には、川田家で起こった内紛について書かれていた。ジニーは将来、義母になるかもしれない美津が苦い思いに耐えているのに同情し、龍吉の父を強く非難した。

一八八三年八月八日　月曜日　夜

いとしいリョウ。今夜あなたの手紙が届きました。あなたとあなたのお母様への同情の念は言葉では言い尽くせません。お手紙を読みながら、自分が傷つけられたような気持になりました。泣きながらぶつぶつ、つぶやいていたので、母が何事かとびっくりしていました。母が床についたとき、これで気持ちが落ち着くと思い、ほっとしました。ああ、その人は女性ではありません。悪魔に仕える奴隷のようなものですわ。その女に較べると、あなたのお母様は天使です。いまは堪え忍ばなければならなくても、いつか報われるでしょう。その女性もそれなりの報いを受けるでしょう。異なった性質の報いですが。

それにしてもあなたのお父さまは年老いた何も分からない馬鹿者ですわ。こんな言い方をしてごめんなさい。でもあなたのお父様でなければ、もっと言いますのに。それにその子供にあなたの名前の半分を与えるなんて、恥知らずですわ。お父様はあなたのお名前を汚すことはできません。そう願っています。あなたはご自分の名前を栄誉あるものにするのです。そして人生を立派に歩むことによって、お母様の誇りとなるのです。そうすればお父様はご自分とあまりにも違うので、恥ずかしく思われることでしょう。

では、お休みなさいリョウ。強い言い方をしてごめんなさい。でも、これはあなたとお母様をおもう気持ちから言ってしまったことですから許してください。

愛をこめて、ジニー

この頃、川田家の邸は東京、神田表神保町にあった。三菱会社の大幹部である小一郎の邸宅は、元、大名屋敷だったといわれ、広壮な庭園と母屋、それに離れ屋敷があった。小一郎はその別棟に妾を住ませていた。当時、裕福な男が妾を囲うのは男の甲斐性とされ、社会的に認められていた。明治政府は妾を夫の二親等とし、配偶者の権利を与えている。

川田家は大世帯だった。家族のほかに女中が六人。それに執事、車夫、料理人、妾がいた。小一郎は派手好みの人で、京都での遊興のおりには、白羽二重の着物を身につけ数人の芸者をともなって、さながら江戸時代のお大尽を思わせたという。

この年、明治十六年に四男、久米吉が生まれている。この子はおそらく小一郎が妾に生ませた子だろう。ジニーが「その子供にあなたの名前の半分を与えるなんて恥知らずですわ」と書いた言葉に一致する。美津と妾の間にいざこざがあったことは想像できる。

一八八三年八月十六日

リョウへ。しばらく手紙を書かなかったからといって、あなたのことを忘れていたなんて思っていないでしょうね。私は今までにないほど、あなたのことを想っています。だけどずっと忙しくて、しなければならないことが沢山ありましたの。きっと、いつもの言い訳だとあなたは感じるでしょうね。でも本当にいつも忙しいのですよ。あなたは前のお手紙で、私のように筆無精ではないといわれましたね。この点では私に似ないほうが賢明だとおもいます。あなたが私のように、手紙を貰ってからやっと書くというのでは淋しすぎますもの。私は悪い例ですので真似をしないでください。私が一通出したら、あなたからは三通頂きたいとおもっています。だって、あなたには時間がたっぷりあるのに私にはほとんど無いのですから。

もう落ち込みから立ち直って元気になられたでしょうか。元気を出して。何もかも良くなりますわ。いつものように土曜日に会えることを楽しみにしています。

愛をこめて、ジニー

ジニーもグラスゴーへ帰り、ふだんの生活に戻った。土曜日にはいつものデートが待っている。ジニーは龍吉のうつ症状が心配だった。彼女の言葉から推察すると、龍吉がジニーへ送った手紙は数百通に達しただろう。

一八八三年八月二十六日

リョウへ。今夜は無性にあなたに手紙を書きたくなりました。なぜなのかは分かりませんが、きょうは一日中あなたに書きたいとおもっていました。それなのに、いざ紙に向かうと何も書くことがありません。もしあなたが目の前にいたら、言うことがたくさんあったでしょう。けれど書くとなると一向に筆が進みません。とりとめのない考えが頭の中を通り過ぎるだけです。私は自分の考えを書くのが苦手なのです。きっと、あなたはきょうも一日中部屋にこもって考え込んだり、心配したりしていたのでしょうね。あまり考えすぎないようにしてください。働きすぎて身体をこわすのではないかと心配です。

今日もいつものように二回、教会へ行きました。コーツ先生はすばらしいお説教をしてくださいました。一語一句あなたに伝えられるとよいのですが、ほんとうによかったですわ。テーマは「未来」でした。私たちに未来を見つめるようにと語られました。過去に生きるのでも現在に生きるのでもなく、未来に生きる人間になるようにとおっしゃいました。夕方のお話は「神の子たちへの呼びかけと、子から神への呼びかけ」でした。先生は、神は私たちに、立ち上がり、神の前に立つようにと呼びかけているのだと説かれました。私たちのすべての強さと若さの美しさの中に心身の力のすべてをふるいたたせ、神が私たちに命じることに応えなさい。ただ神の前に立って、父よ私はここに居ます、何でも命じてくださいと言いなさいと説かれました。

さて、もう寝る時間が過ぎましたので筆を置きます。あなたはもうとっくに眠りの国の中でしょうね。この前のように不愉快な私の夢は見ないでくださいね。

火曜日の夜、お会いするのを楽しみにしています。

愛をこめて、ジニー

一八八三年夏の終わり、二人は互いの未来を夢見ている。ジニーは楽しい交流の日々を過ごしながらレンフリューで仕事に悩む龍吉に救いの手をさしのべた。今、彼らは互いの時を送りながら、時おり自分たちの置かれている状況に小さな障害が立ちはだかるのを感じている。それは東京からの便りによって次第に明らかになってきた。

龍吉は家族から遠く離れてグラスゴーに暮らし、ジニーとの結婚を熱望している。しかし彼は帰国したとき、ジニーとの恋の結末が一家の状況や将来の地位にどう影響するかを見極めていない。

4 たそがれの霜

1883.9–1884.1

グラスゴーの日本人留学生
（後列中央が川田龍吉。1884 年頃）

焦燥

短いスコットランドの夏はあわただしく過ぎ、クライド川の川面を冷たい風が渡るようになった。朝晩は冷えこみ、セーターなしでは過ごせない。石炭を満載した荷馬車がレンフリューの町を急ぎ足に行き交っている。

龍吉は心配だった。東京ではジニーの問題をどう考えているのだろうか。手紙では母は息子に同情を示している。彼はジニーとの結婚に両親が同意してくれることをひたすら願っていた。

この時代、結婚問題は当事者の意思より親や親戚の同意が優先した。とくに家を継ぐ長男の結婚は家長が決定権を握っていた。維新の後、福沢諭吉や森有礼[1]は男女同権を唱え自由結婚を主張したが、男女平等の思想は社会に受け入れられず、自由結婚は実現しなかった。明治三十一（一八九八）年に施行された明治民法でも男は三十歳、女は二十五歳に達するまで父母および戸主の同意を要するという制約がつけられている。

日本に男女平等と自由結婚の原則が確立したのは太平洋戦争終結後、新憲法と改正民法のもとに近代的な一夫一婦婚は実現した。戦後、アメリカから夫婦を中心とする核家族の考え方が入り、一九六〇年代の女性解放運動やフェミニスト運動の社会的圧力によって、日本人の結婚観や夫婦像は変わっていった。だが親の意思による結婚や家同士の結婚など、伝統的なしきたりにもとづく婚姻は今も社会の一部に根づよく残っている。

さて、一八八三（明治十六）年のグラスゴーでは九月に入って新学期を迎えた。

グラスゴー市ポーロック街六七番地
一八八三年九月三日　月曜日　朝

リョウへ。夕べは教会から帰ってきてガス灯も点けませんでした。疲れていて、すぐ寝てしまったので夕べは手紙が書けませんでした。土曜日の晩、帰ってからあなたのお手紙をポケットから出して読み返しました。母に、今は紙に何か書いてあると見せたところ、母は土曜日にあなたが私に下さったものとは別のものだといいました。私は金曜日に見せたのと同じものだといいました。すると母は、そんなはずはない、確かに何も書かれていなかったといい張ります。それで、どうしてこうなったのかを説明しました。母は笑って、あなたのことをとても頭のいい人だといっていました。私はあなたの手紙の置き場所を変えたりしていますが、母はいつも私たち二人が何か馬鹿なことをしているようだから手紙を探すといいます。でもそんなのはただの冗談で私がいいと言わないかぎり探したりしないことは分かっています。

ところでリョウ、今週の訪問は水曜日の夜まで延ばしていただけないでしょうか。火曜日の夜は教会で集会があり、コーツ先生が教会にきている若い人たちに全員出席してほしいといわれたのです。来シーズンの授業についての大事な決定があるらしいのです。水曜の夜が駄目なら、都合のよい日を教えてください。

愛をこめて、ジニー

たぶん龍吉は、見えないインクで手紙を書いてエリザベスを驚かせたのだろう。彼はいつものように火曜日にポーロック街を訪問するつもりだったが、ジニーには教会との約束があった。新学期は授業の準備に忙しい。龍吉は会う日を改めることにした。

一八八三年九月六日　木曜日　夜

リョウへ。あなたの願いどおりに少し書きます。でも本当は胸がいっぱいで何も書くことが見つかりません。愛しいリョウ、あなたが元気で、気を落とされていないとよいのですが。あなたを幸せにしてくださるよう神に祈りますわ。土曜日に会えるのを楽しみにしています。

深い愛をこめて、ジニー

追伸　外は風が唸っています。まるで風の中に人間のような生き物がいて、痛ましげに泣いているようでとても悲しくなります。

ジニーの心の中には悲しみと淋しさが漂っている。彼女は龍吉との結婚がどれほど難しいかを察していたのだろう。龍吉のほうも彼女から手紙が届かないので焦燥感にかられている。彼は手紙を送ってほしいが、ジニーのほうは忙しくて書く余裕がない。レンフリューで彼は朝いちばんに手紙が届いていないか確かめるが、来ていないと分かるとひどく落ちこむ。このところ龍吉はまるで彼女の手紙だけが生きがいのようだった。

一八八三年九月十三日　木曜日　朝

リョウへ。あなたが前の手紙に書かれていたような気持になると困りますので、さっと二言三言書こうと思います。でも特に、お伝えすることは何もありません。どちらかというと、言いたいことは会うまでとっておきたいのです。だって、書くよりも話すほうがずっとすてきなのですもの。お元気だと良いのですが。あなたは今の状態を続けるべきではありません。気力を出してください。お仕事に影響させないでね。また会う日まで。

愛をこめて、ジニー

彼女は龍吉を失意から立ち直らせようと元気づけている。しかしロブニッツ造船所の環境が、うつ傾向の強いこの日本人実習生をますます無気力に追いやっている。

一八八三年九月十六日　安息日の夜

リョウへ。この手紙が明日のちょうどよい時間に、お手元へ届くとよいのですが。だってあなたに薄情だと思われたくはありませんもの。今日は一日楽しく過ごせたでしょうか。

私はいつものように教会に行きました。今日、コーツ先生は子どもたちにお説教をなさいました。大きい子から小さい子まで、老人のように神妙にしている三歳ぐらいのよちよち歩きの子や、目をきらきらさせながらまっ赤な頬をしている男の子や女の子がいて、見ていてとてもよいものでした。先生はすばらしく上手に話をされました。あまり長い話ではありませんでしたが、壇の手すりから身を乗りだし、子どもを一人一人見つめながら、まるで炉辺で話を聞かせるような感じでした。先生はこれを「小さな説教」と呼ばれていました。

リョウ、私にはまだ幼いところが残っているのじゃないかとおもいます。子どもたちの好きなものが私も好きだからです。甘いものとか、タルトとか、そのほかの下らないものも。でも構いませんわ。いつか賢くなって青い眼鏡をかけて威厳をつけましょう。だけど、あなたは私が無意味なことをいっていると思うでしょう。これはいつもの手紙と違って私の心に浮かんだ一寸した考えの走り書きです。私があなたにいろいろと詳しく書かないのは、あなたが私の親友で何でも許してくださるからです。それほど付き合いが深くない人たちには、いろいろと書きます。ところで手紙のことですが、私の乱れた字が読めますか？　というのもあなたに出す手紙の字がときどきひどく乱れるものですから。もし読みづらかったらいってくださいな。そうしたら、もうすこし気をつけるようにします。

では愛しいリョウ。おやすみなさい。

愛をこめて、ジニー

ジニーはコーツ牧師の説教に心酔し、ますます感化されるようになった。彼女は教会で牧師を助け、日曜学校の手伝いや新しい教科の準備に忙しい。

一八八三年九月三十日　日曜日　夜

リョウへ。今日はとてもお忙しい一日だったと思います。あなたが書こうと考えていらした手紙をみんな書かれたとしたら、私への分がひとつ余計なものになりましたわね。私は今日も二回、教会へ行って、いつものように楽しんできました。明日の晩は授業に出るつもりです。今日、教科の概要をもらいました。一部を同封しておきます。この冬、私たちが何を勉強しようとしているのか、お分かりになるでしょう。各教科ごとに、多くの人がさまざまなテーマでエッセーを書くでしょう。私はまだ書くかどうかを決めていません。どうしたらよいとおもわれますか？　私にも書けるかしら？　ではまた、火曜日の晩にお会いするのを楽しみにしています。

愛をこめて、ジニー

日曜学校では午後から子ども向けに宗教の授業をおこない、夕方になると青年や労働者のためのクラスを開く。ジニーが参加しているクラスは、読み、書き、算数とともに地理や歴史も教えていた。カリキュラムは教会によって異なるが、授業内容は教区学校とほとんど変わらない。

一方、龍吉は新しい目標を見いだした。顕微鏡を手にいれてハエの観察に熱中している。造船には無関係の趣味だが、レンフリューでのストレスを少しでも和らげようとしたのだろう。

一八八三年十月七日

親愛なるリョウ。今朝は教会へ行きませんでした。身体がだるくて寝過ごしたからです。それでずっと家にいて本を読んでいました。あなたは顕微鏡に夢中になっていたのでしょうね。とても面白いものなのでしょう。ハエがかわいそうですね。でも知識はたくさん吸収できるだろうとおもいます。私はその小さいぜいたく品をとてもうれしくおもっています。だって切手や古いコインよりも実用的で面白いことが学べるからです。今夜は教会に行くつもりですので、そろそろ着替えて出かけなくては。火曜日の夜には会えますね。

愛をこめて、ジニー　　××××× (一四のキスマークで描いたハート)

ジニーは龍吉が余暇の時間を顕微鏡に費やすのを認めてはいるが、彼の新しい趣味が好きになれない。

一八八三年十月十一日

リョウへ。二つの理由から、あまり多くは書けません。一つはインクがもう底をついています。今日、ビンに詰めておくのを忘れてしまったのです。底に三、四滴残っているだけなので、四苦八苦しながら書いています。もう一つは、とても疲れているのでベッドに入りたくて仕方がありませんの。夕べは会計簿をつけていましたので、寝るのが遅くなってしまいました。今夜は何をしているのですか？　顕微鏡を覗きこんでいるのかしら。それとも実験の準備でハエの頭をちょん切るのに忙しいのかしら。ねえリオ、良心が重荷を背負っているのに、どうして安らかに眠ることができまして。死んだハエの霊が夜中、自分にとりついたりしないかと怖くなったりしませんか？　冗談ではなく。かわいそうなハエに心から同情しますわ。そうだわ、ハエに催眠術をかけてみたらどうでしょう。

あなたが元気でいますように。おやすみなさい。

私のいとしい人へ、ジニー　××××××××（一五一のキスマーク）

直談判

龍吉は週二回、グラスゴーへ行くが、ジニーはまだレンフリューへ行ったことがない。そこで彼女は日曜日の教会を休み、レンフリューを訪ねることにした。

一方、龍吉はジニーの母に何か相談事があったらしい。木曜日に造船所の仕事を終えたあと、予告なしに突然ポーロック街へ現れた。ジニーは店で働いており、家には居ないことを彼は承知している。エリザベスに結婚計画を相談するために行ったのだろうか。二人といっしょに日本へ同行してはどうかと提案したのではなかろうか。

一八八三年十月十九日

リョウへ。夕べ、あなたがこちらへ来られたと聞いて驚きました。また戻られるかとおもって待っていたのですが、戻ってこられませんでしたね。母は大切なお仕事があなたにあるのだろうと考えて、戻ってきてほしいといわなかったのです。

昨日、新しいすてきな蒸気船がキングストン・ドックに停泊しているのを見ました。トウキョウ・オワリマルという船で乗組員はみんな日本人でした。日本製の船らしく感じのよい船です。リョウのお国から来たのか、それともこれから日本へ向かうのだろうとおもいました。

安息日にグラスゴーからレンフリューへ行く往復のバス（乗合馬車）や汽車の注意書は見ませんでした。だけど、あなたの指示どおりに出かけます。私は顕微鏡をぜひ見てみたいとおもっています。でもお手数がかかるようでしたら、別の機会でもかまいません。

そろそろ筆を置かなくては。

愛をこめて、ジニー

キングストン・ドックはグラスゴー市の中心に近いクライド川の南岸にあり、ポーロック街からだと歩いて三分もかからない。ジニーはマクギーチ書店へ出勤の途中、ドックに停泊している尾張丸を目にしたのだろう。

「尾張丸」（一一二四トン）は三菱会社のライバル会社、共同運輸会社がグラスゴーの造船所に発注し、一八八三年に完成した貨客船で、長さ七三メートル、二連成一一二五馬力の蒸気機関を備え、巡航速度は九ノットだった。尾張丸はこの年日本へ回航され、翌年から国内の運航業務に就いている。
ジニーは教会の活動に忙しい。それに日曜学校の授業や貧困地区への慰問もあった。彼女は貧困家庭の見聞を龍吉に書き送った。龍吉は貧しい少女のために菓子を買い、ジニーに託している。

一八八三年十月二十一日　日曜日　夜

リョウへ。今日、あなたにお話しした若い女性のところへお見舞いに行ってきました。なかなか帰れなくて午後もずっといました。もう彼女は衰弱しきっています。家の人が私の訪問を喜んでくれました。私も行ってよかったとおもいました。というのも、もう二度とこの世でマギーに会うことはないだろうと思うからです。お土産に、ブドウとお菓子を持っていきました。でもあの箱は持っていっても、使うのはマギーじゃないとおもい持ってゆくのを止めました。マギーには妹が何人かいるのですが、その子たちは几帳面ではないし、荒っぽいので箱を壊してしまうでしょう。だから私が貰っておくことにしました。私なら壊したりしませんから。マギーに、お菓子は私の友達からだといったら、とても喜んでくれました。すぐに、男性の友達と分かったようです。土曜日の夜、贈物を見たときは、かなりの負担をかけたのではないかと感じてすまないと思いましたし、こんなにまでしなくても良いのにと腹立たしくさえ感じました。トライフル(2)にお金を使わせて申し訳なくおもっています。でもマギーのうれしそうな顔を見たらそんなことは忘れて、何てあなたは優しくて、すてきで思いやりのある人なのだろうとおもいました。きょうは頭痛がひどくないとよいのですが。

火曜日の夜には元気なあなたと会えますね。

ジニーより

ジニーのレンフリュー訪問は結局、実現しなかったらしい。そこで、龍吉はグラスゴーまで顕微鏡を運び、彼女に見せている。ジニーは彼の趣味によい印象をもった。龍吉はつねに彼女を喜ばせるため苦心している。彼女の手紙は時どき、母親のような調子で書かれている。

一八八三年十月二十六日　金曜日　夕食時

リョウへ。たった今、あなたのすてきな手紙が届きました。ご機嫌がよくなかったと聞き、とてもお気の毒に思います。もう今頃は聞き分けのよい子になっているでしょうか。

昨日は休みを取って家にいた（Staying）のであって、飢えていた（Starving）のではありません。ファースト・デー「断食の日」とよばれていますが、この名称はふさわしいと思えません。

昨日は一日中、大忙しでした。やらなければならないことが山のようにあったのですが、その半分も終わらないうちに、あっという間に一日が過ぎてしまいました。だから夜はぐったりでした。顕微鏡は無事に家へ持って帰られたのでしょうか。私に見せるために、あれほどのお手数をかけさせてほんとにごめんなさい。それであなたは疲れてしまって機嫌が悪くなったのではないかと案じております。もうじき明日になりますね。とりあえずそれまで、さようなら。

深い愛をこめて、ジニー　××××××

つぎの週、市の中心部に火災が起こり、折からの強風にあおられて火は周辺にひろがった。火元の近くにいたジニーは、そのときの様子を記している。

一八八三年十一月四日

リョウへ。ゆうべはお友だちの家で楽しく過ごされたでしょうか。私のほうは急いで店へ歩いていったのですが、一〇分、遅刻をしてしまいました。

着いてから、ちょうど一時間たったとき、大きい炎が空に向かって立ち上がるのが見えました。火元は私のいる建物の向かいにある郵便局の裏手のようでした。問い合わせたところウィリーとロケッズが焼けたことが分かりました。ずっと燃え続けていたので、一〇時に店じまいをした後、ベラといっしょに見にゆきました。そのときには、火の手はミッチェル通りの両側を覆いつくしてブキャナン通りにまで広がっていました。あんな恐ろしい光景は今までに見たことがありませんん。消防士たちは、ほんとに気の毒だとおもいました。消防士の一人が崩れた壁の下敷きになって亡くなったと聞きました。

今日は天気が荒れ模様でしたが、それでも午前中は教会に出かけました。説教の題名は「自由について」。午後は「キリストの唯一性」についてでした。あなたから頂いた花を植えるつもりでしたが、とても風が強く、花が傷むといけないので覆いをしておきました。だから花は生き生きしています。

おやすみなさい、愛しいリョウ。火曜日の夜に会うのを楽しみにしています。

愛をこめて、ジニー

秋が深まるにつれてグラスゴーは雨の日が多くなり、時おり強風が吹き荒れる。ジニーの手紙から推測すると、西からの強風で火災は町の東側にひろがった。マクギーチの店は火元の西に位置していたため類焼をまぬがれた。

留学生仲間

この頃、龍吉はグラスゴーに住んでいる日本人留学生によく会うようになった。

一八八三年十一月十一日

リョウへ。ゆうべはお友だちのところで楽しく過ごされたこととおもいます。笑いすぎて身体が痛くなっていないことを念じるのみです。あそこへ行くと、どうもあなたは、はしゃぎ過ぎるようですね。それでもあなたが楽しまれると私もとてもうれしくなります。

こちらは、どんより曇って、とても寒い一日でした。私は暖炉の傍でこの手紙を書いています。

だから字がすこし傾いているでしょう。膝を折り曲げて、その上に机を乗せているからです。午前中は教会に行きました。コーツ先生は子どもたちにお説教をなさいました。ただただ、すばらしいの一言に尽きます。私はいつも子どもたちへの説教を楽しんでいます。題名は「誘惑に負けないように気をつけて祈りなさい」でした。今夜、先生はルターの生涯と業績について話をなさいます。ぜひ聞きに行かなくては。

また会う日まで、さようなら。

愛をこめて、ジニー

龍吉が誰を訪問したのかは分からないが、当時グラスゴーに二〇人ばかり日本人がいたと彼は後に語っており、その中の数人と親しくしていた。ジニーの手紙には二人の親友、九里龍作《くりりゅうさく》、磯野計《いそのけい》の名前がでてくるので、そのどちらかを訪ねたのかもしれない。

一八八三年十一月二十五日

リョウへ。ゆうべはお店で見かけなかったので、きっと楽しまれたことと思います。昨日は会えなくて淋しかったのでお手紙をとてもうれしく感じました。

今日は教会へ行きませんでした。すこし身体を休めようとおもったからです。あなたは夕べ、楽しかったのでしょうね。きっと今日はソファに横になって本を読まれていることでしょう。

私のインクには水が入っていると書かれていましたね。どうして分かったのかしら？　私は入れていませんが、誰かが入れたのでしょうか。インクビンのフタを取ったときインクの上の四分の一が透明で、残りは黒かったので分かりました。粗悪なインクをつかまされたのでしょう。私は質のよいインクを買ったつもりでしたが。

あなたは手紙で私をとてもほめて下さっていますが、残念ながら本当の私の姿ではありません。いとしいリョウ、私は天使とは似ても似つきません。もちろん、あなたのことを悪くなんておもっていません。ちょっと腹を立てていますが。だけどあなたは私が喜ぶことをいろいろして下さっているではありませんか。だから、あなたにはすばらしい点がたくさんあるとおもっているのに、悪いところを一つだけ取りあげて殊更にいうのはよいことだとはおもいません。でも、このことについて話すのは、もうやめにしましょう。そしてこれからも二人いっしょに仲良くしてゆきましょう。

愛をこめて、ジニー

つぎの手紙に登場する「クリさん」とは九里龍作を指している。九里は安政四（一八五七）年紀州の生まれで、龍吉より一歳年下だった。開成学校機械工学科を卒業し、文部省の海外留学生としてイギリスへ渡り、ロンドン大学に学んだ。彼がグラスゴーへ来た目的はわからないが、龍吉が彼と知りあう少し前にロンドンを離れたようだ。九里は明治十八（一八八五）年に帰国し開成学校の教授を務めたが、間もなくその職を辞し、薩摩藩士だった五代家の養子となる。そして、大阪で事業を営んでいた五代友厚の残した事業を引き継ぐ。彼は五代家の跡を継いだ後、福島県半田銀山の開発に尽くした。

一八八三年十二月十六日

リョウへ。土曜日にあなたの手紙が届きました。ここへ来る代わりに、お友だちのところへ遊びに行ったからといって、ちっとも冷たい人だとはおもいませんわ。むしろあなたがクリさんのような友人を持っているのはよいことだとおもいますし、時々会って頂きたいとおもっています。あなたが楽しく過ごされていると聞いてうれしいですわ。楽しい時を過ごして風邪がよくなられたのならよいのですが。まだ、ぐずついているようなら薬でも飲まれたほうが楽になるとおもいます。今夜は教会に行ってきましたが、午後はずっと本を読んで過ごしました。ただ、今朝は教会に間に合わなかったので救世軍へ行ってみました。まだ一度も行ったことがなかったので、中がどんな様子なのか、見たいとおもっていました。とてもよいと感じましたが、私は教会のほうが好きです。お会いする時までに風邪が良くなっていることとおもいます。

愛をこめて、ジニー

ジニーは救世軍に興味があった。救世軍はプロテスタントの一派で、彼女がその教会を訪れた五年前の一八七八年、イースト・ロンドンでイギリス人ウィリアム・ブースによって設立された。メソディスト派の牧師だったブースは、産業革命の末期、イースト・ロンドンで生活苦にあえぐ貧困者に伝道していたが、貧しい人々は既成の教会へ行くことを好まず、教会側も貧困者を歓迎しなかった。そこでブースは新しく軍隊スタイルをとりいれた一派を組織し、布教活動にあたる。救世軍はグラスゴーのような工業都市でその規律と機動性により急速に成長した。

土曜日、龍吉は終日、九里龍作と時間を共にした。一方、クリスマスシーズンをむかえたジニーは忙しくなった。マクギーチ書店はクリスマスカードや贈物の本を買う客で賑わっている。

一八八三年十二月二十四日

リョウへ。土曜日の夜、お店であなたを見かけました。かわいい人たちに送るのに、ぴったりのクリスマスカードを見つけたこととおもいます。メアリー・ジェーンには、ぜひすてきなカードを送ってくださいね。きのうは朝から教会にいました。午後と夕方はずっとミス・マクギーチといたのですが、とても楽しく過ごしました。

ねえリョウ、申し訳ありませんが、今週はあなたが家へ来る日を木曜日の夕方に変えていただけないかしら。月曜、火曜、水曜は夜遅くまで働かなくてはなりませんので。クリスマスと新年が私たちの書き入れどきなのです。遅くまで店に残って、飾り付けをしなければならないのです。木曜日の晩にお会いできますね。

愛をこめて、ジニー　××××

その週、ジニーは夜遅くまで店で働いていた。当時スコットランドでは、クリスマス・デーは休日ではなかった。クリスマスが祝日になったのは第二次大戦以後のことだという。ヴィクトリア時代も今も、この北国では本がクリスマスプレゼントとして人気があり、大人も子供も冬の楽しみは読書だった。かつてグラスゴーのテネメントハウスに暮らしたある住民は「冬の夕べはすべての家族が暖炉を囲み、一家そろって本に鼻を押しつけた」と語っている。

一八八三年十二月三十一日

リョウへ。ゆうべは教会へ行きました。そしてゆく年に想いをはせるのに、ぴったりの説教を選ぶことができました。礼拝はいつもより三時間一五分も遅れて始まりました。

昨日は楽しく過ごされたこととおもいます。お友だちの家は分かりましたか。十分楽しまれたのであればよいのですが。休暇中も楽しく過ごされますように。

私の方は仕事しかありません。でも努めて楽しい新年が迎えられるようにします。あなたが他のところで楽しむ予定がなければ、明日の夜はいつもの時間に会えますね。

愛をこめて、ジニー

スコットランドの大晦日は、「ホグマニー祭」でにぎわう。この日、子どもたちはそろって町へくりだし、歌をうたいながら行進する。そして家々をたずねて、お祝いのオート・ケーキをもらう。オート・ケーキはカラス麦の粉でつくった厚手のビスケットだが、スコットランドでは子供も大人もこのビスケットを好んだ。オート・ケーキで祝うところから、大晦日は別名「ケーキ・デー」ともよばれている。真夜中の零時になると、教会の鐘が除夜の鐘と同じように一斉に鳴り響く。人々は鐘の音とともに近所の家をドアからドアへ訪ね、ウイスキーと黒パンで新年を祝う。このとき最初に家に来た人は「ファースト・フート＝初客」とよばれ、ブルーネットの人だと幸運を呼びよせ、ブロンドの人がくると悪運がもたらされるといわれている。

転機

一八八四年の新年、ジニーは重大なニュースを龍吉に告げた。マクギーチの書店を辞めて生まれ故郷を去り、イングランドで新しい仕事に就くのだという。

一八八四年一月十三日

リョウへ。あの幻灯機でお友達と楽しい時間を過ごされたこととおもいます。あなたが私のことを思いやりがなくて冷たいとおもう前に、この手紙がお手元に届くとよいのですが。私があまり手紙を書かないのは、あなたのことを考えないからではありません。というのは、あなたとよくお話をしますから、書くことが無くなってしまうのです。

私がサンダーランド(3)へ行くことは教会中の人々に知れ渡ってしまいました。いま私は話題の人

なのですよ。きょうは多くの人にいろいろ質問をされたりしたので少し疲れました。だからもう寝ることにします。お休みなさい、

いとしいリョウ。安らかな眠りを。

愛をこめて、ジニー

なぜ、ジニーはサンダーランドへ行くことになったのだろうか。彼女を龍吉から引き離すために母や親戚が仕組んだのだろうか。しかしエリザベスはつねに彼に好意をよせている。となると彼女のサンダーランド行きは、教会の意思が働いているようにみえる。彼女の助言者であるコーツ牧師が関係しているのかもしれない。間もなく、ジニーはイングランドへの旅の準備に忙しくなり、マクギーチ書店へ最後の仕事に出かけた。

一八八四年一月二十一日　月曜日　朝

リョウへ。昨日はお友だちが来られて楽しまれたことと思います。私のところにも友人が来ました。ミス・マクギーチがお昼に来て、夜の九時までいました。土曜日はあまりお話をする時間がなくてごめんなさいね。でも明日はゆっくり一緒に過ごせるよう期待しています。

昨日で私はお店をやめました。周りにあるすべてのものに、さようならを言ってきました。だからしばらく家にいます。きょうは町まで買い物に行くつもりです。帰ってから何人かに会って、そのあと教会へ行ってコーツ先生に会ってきます。明日の夜はできるだけ早く来てくださいね。

楽しい時を過ごしましょう。

愛をこめて、ジニー

旅立ち前の数日はグラスゴーに激しい風が吹き荒れた。ジニーはイングランド行きの荷物をまとめ、旅にでる前に何度か龍吉と会っただろう。しかし彼女は遠くへ行ってしまうというのに、二人がこれで会えなくなると心配している気配がない。

一八八四年一月二十八日　月曜日　朝

リョウへ。こんなお天気に出会ったことがありますか？　昨日はまるでハリケーンが来たようでした。それでも二回、教会へ行ってきました。しばらくコーツ先生に会えなくなるので、今のうちに聞けることは全部聞いておこうとおもっています。

コーツ先生は月曜日の朝、私が出た後に発たれます。祖国パレスチナと聖地を回ってこられるのです。土曜の夜、クリさんと楽しく過ごされますように。あなたの若い女性のお友だちも皆さん来られるのでしょうか？　今週はとても忙しくなりそうです。会う人がたくさんあるのです。でも火曜日の晩はあなたのために空けておきますわ。

もうペンを置かなくては。母が私の手伝いを待っていますの。

愛をこめて、ジニー

この週の土曜日、龍吉は九里龍作と過ごしている。ジニーがサンダーランドへ行ってしまうというニュースは彼にとってショックだっただろう。龍吉は二人の計画をこれからどうするつもりなのか、彼女に問いただした。しかし彼女は今までと何も変わらないし、手紙もこれまでどおり交換しようといって龍吉を安心させたに違いない。彼女は落ちついていたかった。とにかく、あわてないよう注意していることが手紙からうかがえる。ジニーは、イングランドという外国へ行くことにかなり熟慮を重ねたはずだ。それに母エリザベスをグラスゴーに残さなければならないのも問題だった。

何が彼女をサンダーランドに結びつけたのだろうか。ジニーはずっとグラスゴーの書店で働いていた。新しい仕事先であるスミスの店も書店である。スミスは一般図書のほかに各国語の聖書やキリスト教関係の書籍も扱っていた。たぶんジニーは、教会のつながりによってスミスの店へ推薦されたのだろう。教会はマクギーチ書店での彼女の働きぶりや教会活動への献身を高く評価していた。スミスは書店のほかに会計帳簿もつくっており、新しい人手が必要だった。スミスの店での労働条件はグラスゴーの書店よりもよく、賃金も期待が持てた。また聖書専門店で働くことに彼女は喜びを感じただろう。ジニーは龍吉を残して去ることに悲しみを感じたかもしれないが、サンダーランドへ行くことは拒否できなかったし、グラスゴーに残るべき理由もなかった。

5

サンダーランドの春

1884.2–1884.4

ウエア川
（1930 年頃）

新天地

イングランドの北東部に位置するサンダーランドはヴィクトリア時代、グラスゴーと同じように造船工業都市として急速な発展をとげた。一八四五年にウエア川沿岸に建設された造船所は六五ヵ所に達し、ジニーがこの町へ来たころ人口は一〇万人をこえていた。

北海を往来する船にとって、ウエア川の河口は安全な停泊地であり、古くから入植者がこの沿岸に入っている。イングランド北東にあったアングル人の王国ノーサンブリアの貴族ベネディクト・ビスコップが、現在モンク・ウエアマウスとよばれるウエア川の北岸に小さな僧院を建てたのは七世紀、西暦六七四年だった。その後、ビスコップは南岸のビショップ・ウエアマウスにも修道院を開く。北と南の往来は数世紀にわたって小さな渡し舟でウエア川を渡る以外に方法はなく、川が修道士の自由な往来や物資の運搬をはばんでいた。現在の地名であるサンダーランドは「川により分けられた土地」の意味をもつ。北と南の往来が自由になり、地域がひとつにまとまったのは一七九六年、ウエアマウス橋が架けられて以後になる。

この地方の海域は古くからサケ、ニシンの豊かな漁場として知られていたが、町は教会文化の遺産であるガラス工芸が盛んなぐらいだった。ところが十七世紀に近くのダーラム県で石炭の採掘が盛んになると、ウエア川の河口港は石炭積出港として活気づく。そして間もなくウエア川沿岸に造船所が現れ、サンダーランドは造船工業の町になった。

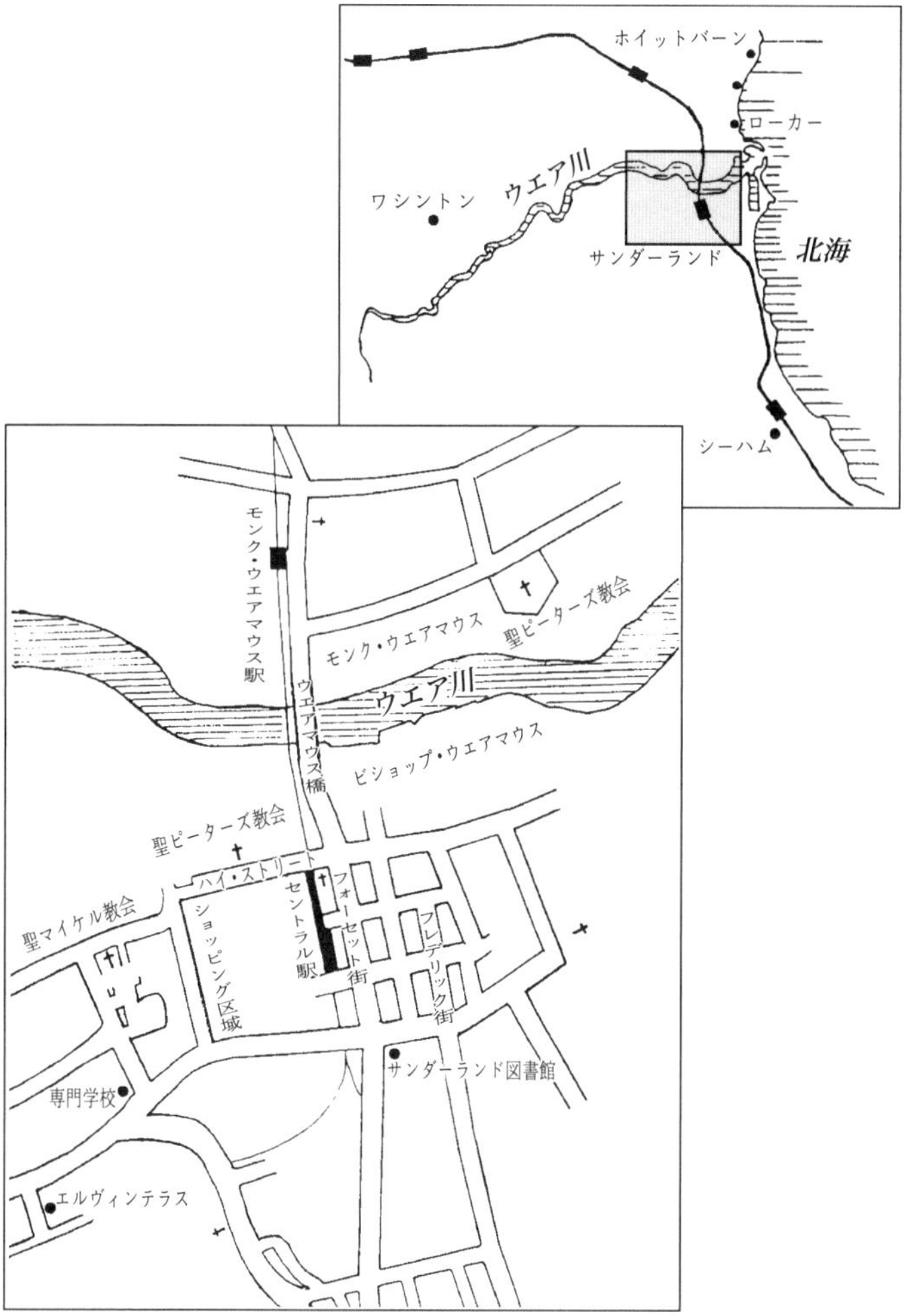

20世紀初めのイングランド北東部とサンダーランド

ジニーがグラスゴーを出発したのは一八八四年一月末か、二月の初めだった。彼女は母エリザベスをグラスゴーに残し、南行きの汽車に乗った。エディンバラからニューカッスルを経由して、三〇〇キロの旅のあと、サンダーランドへ着いた。ビショップ・ウエアマウス駅、現在のサンダーランド・セントラル駅に降りたジニーは、雇い主のスミス氏とシンクレア夫人に迎えられ、下宿に落ちつく。そして家主にあいさつした後、グラスゴーの龍吉に宛てて手紙を書いた。

(前ページ、日付　欠)

……でも彼女はここに居ませんし、あなたもここには居ません。でも、こんな言い方はよくないですね。私は元気に過ごしています。皆さんもとても親切にしてくださいます。だけど、リョウ。私をあなたの妻と呼んではいけませんわ。まだ、そうじゃありませんもの。また近いうちにお便り頂けるのを楽しみにしています。おやすみなさい。

愛しいリョウ、心から愛しています。

ジニー　××××

追伸　私の住所は、

サンダーランド市ビショップ・ウエアマウス　エルヴィンテラス一一番地

ジョージ・ギブソン方　ミス・J・イーディー

未亡人と一緒にいると、あなたに言いましたね。そうね、今もそうなのです。だけど、ここは大きい家なので助かっています。ジョージ・ギブソン氏が家主です。私の女主人、スティーブン

ジニーが下宿していたエルヴィンテラス11番地

ソン夫人は二階に二部屋、借りています。居間と寝室を夫人と私が使っています。

ジニーの家主ジョージ・ギブソンはビールの小売商。彼女の下宿先、エルヴィンテラスはその名のとおりテラス住宅が建ちならぶ住宅街だった。駅までの距離は約一キロ、歩いて一〇分もかからない。ジニーの新しい勤め先、スミス書店は駅に近いフォーセット街にあった。

エルヴィンテラスの住宅街は、今も一〇〇年前の街並をとどめている。彼女が下宿した赤れんが二階建の家も当時とほとんど変わっていない。玄関の支柱にはヴィクトリア調の花のレリーフが刻まれ、往時をしのばせていた。部屋数はジニーが下宿したころ、二つの居間、食堂とキッチン、それにベッドルームが三室ないし四室あったらしい。彼女がグラスゴーで住んでいたテネメントハウスに較べると、確かに大きい家だった。

疑念

サンダーランド市ビショップ・ウエアマウス
エルヴィンテラス一一番地
一八八四年二月十七日

リョウへ。手紙が二通届きました。とてもうれしくおもいます。

最初のお手紙を読んですこし暗い気分になりました。とても落ちこんでいたのですね。愛しいリョウ、そんなに私のことを恨んだりしないでくださいな。好きこのんで人を傷つけようとは思いませんし、ましてあなたをどうして傷つけましょうか。すこし物事を悪い方に考えすぎているのではないのでしょうか。そうならないように何か打ちこめるものを見つけるべきですわ。急いで懐かしいお母様のところへお帰りになるべきです。あまり気を落とさないでください。元気を出して。

あなたがいなくて寂しくおもいます。ここはとても気に入っていますが、グラスゴーの半分も好きになれません。時々、落ちこんでホームシックになったりします。だけど頑張らなくては。

まだサンダーランドはほとんど見ていません。夜、家に帰ったら出かけませんし、一緒に住んでいる女性とおしゃべりをするだけです。その人も、とても寂しがり屋です。ですから手紙をちょっと書きにくいのです。というのも彼女がいつも部屋にいるからです。あなたは元気になると信じています。あまり考えすぎないようにしてくださいね。リョウ、私は筆無精だけど、あなたのことは、いつも想っています。私には、しなければならないことや考えなければならないことが山ほどあり、一生懸命働かなくてはならないこともご存知のはずです。家に帰れば心身ともにぐったりして、ただ座ってぼんやり暖炉の火を見つめるだけというときもあります。こんなことを言ってもあなたはうんざりするだけでしょうが。でも私には有り難くおもわなければならないことが、沢山あります。健康ですし、やさしいご主人や母がいますから。

（後ページ　欠）

サンダーランドでもジニーの仕事はマクギーチ書店とほぼ同じだった。彼女に外出する時間はほとんどなかったが、女主人とのおしゃべりや店でお客と接することで彼女は町のニュースに触れることができた。例えば彼女はつい半年前、サンダーランドのヴィクトリア・ホールで起こった惨事について聞かされたことだろう。

悲劇は子供のための祭典の会場で起こった。その日、ヴィクトリア・ホールに集まった子供は二〇〇〇人。エンタテイナーのアレクサンダー・フェイによって演じられるマジックショーが目あてだった。フェイは集まった子供たちにプレゼントをあげようと約束していた。出し物が終わりに近づいたとき、舞台の上から芸人たちが客席に向かってキャンディーをばらまいた。さじき席にいた子供たちはアメ玉を取るために階下へ殺到し、場内は大混乱となった。多くの子供が折り重なって倒れ、押しつぶされた。この事故によって一八三人の子供が死亡した。

一方、龍吉はサンダーランドでジニーの新しい生活が始まり、自分は忘れられるのではないかと心配している。

一八八四年二月十八日

いとしいリョウ。返事が遅れたからといって、あなたのことを忘れていたと思わないでくださいね。いいえ、それどころか、あなたのことが片時も頭を離れませんでした。

今、あなたに会いたくてたまりません。返事が書けなかったのは、ずっとシンクレア夫人が泊まっていたので一人になれる時間が全くなかったからです。いつも部屋に夫人か、子どもたちがいて私と話をしていました。母に無事着いたのを知らせる走り書きがやっと書けただけです。その時もいちばん年上の男の子がポストまでついてきたぐらいです。

シンクレア夫妻はこれ以上できないほど私に親切にして下さいます。会った方みんなが親切でした。私の雇い主のスミスさんは文字通り本物の紳士です。親切で彼とはうまくやっていけるとおもいます。

シンクレア夫人とスミスさんは、駅まで私を迎えに来て下さいました。お店には火曜日の朝から立ち始めました。いろいろと店のことを任されるようです。スミスさんは大きな製本所のビジネスをなさるのでいつも裏で忙しくしています。だから私が色んなことに慣れてきたら、店に出て取り仕切ることになります。毎日スミスさんとお茶を頂いています。私がお茶を入れてホスト役を務めます。また土曜日はスミスさんと夕食を頂きます。町はまだほとんど見ていませんが、よいところのようです。

お元気でおすごしでしょうか。私はようやく落ちつきました。

(後ページ　欠)

ジニーはサンダーランドの駅前通りにあるフォーセット街の書店に落ちつき、新しい仕事にとりかかった。スミス書店では、一般書籍のほかに教会関係の本や数ヵ国語の聖書も扱っている。彼女は販売員としての仕事とともに、書店の運営管理もまかされることになった。店主のウイリアム・スミスは書店経営のかたわら製本所を設立し、シンクレアと新事業の展開にとりかかっていた。

一八八四年二月二十日

いとしいリョウ。あなたの優しい手紙を受け取りました。とてもうれしく思います。手紙を頂くたびにあなたが恋しくなります。私の手紙が冷たいと、不満を言っていましたね。言い方が悪くてごめんなさい。だけど決して、わざと冷たくしている訳ではなくて、どうしてもそうなってしまうときがあるのです。手紙を書いているとき心身ともに疲れきっていることがあります。でも怒らないでください。あなたが言われるように私の心は眠っているのかもしれません。あなたが私を愛して下さるほど、あなたを深く愛しているとはいえないまでも、私は深く人を愛することができます。少なくとも、あなたは母の次に大切な人です。

もうそろそろペンを置かなくては。郵便の時間です。明日、あなたに届くようにしたいので。でも私のためにも元気を出して、明るくなってください。くれぐれも病気にならないように。あなたが身体を壊したりしないかといつも案じています。元気にしているのか、どうか教えてください。

あなたの愛するジニー　××××

互いに遠く離れた彼らは、ほとんど毎日のように手紙を交わしている。龍吉はジニーとの約束にいくらか疑いを抱き、彼女の決心を試す手紙を送っている。例えば彼の希望どおりに日本へ行くことを彼女は嫌っているのではないかと疑いの目をむけている。

一八八四年二月二十四日

リョウへ。あなたの手紙が二通とも届きました。とてもうれしいですわ。

十七日付の手紙に強くひかれました。いいえ、あなた、この手紙を侮辱だなんておもいません。むしろ、悩まれているのでしたら質問をされるのは当然だとおもいます。

一つ、いっておきたいのは、前に書いた手紙はまだこのことを何も知らなかったときに書いたものだということです。あなたは私があまり手紙を書かないといっておられましたね。そう言われても、これでも出来るかぎり書いているのです。私は母にも書かなければならないし、私の消息を知りたがっている友だちにも書かなければならないことを忘れないでください。それに、こざっぱり見えるよう服を繕ったりして、きちんとしておかなければなりません。

あなた、私にはあなたのように何でもやってくれる人を雇うほどのお金はありません。仮にあったとしても雇うかどうか、わかりません。自分の身のまわりのことは自分でしたほうがよいのではないかとおもいます。ですから私はいつも忙しくしています。

あなたの次の質問は、母が日本へ行くことに同意したとあなたが私に話したときのことについてでしたね。あなたは私がちっともうれしそうな様子を見せなかったと書いています。それはその通りです。そういう気にはなれなかったからです。このことについて、うまく自分の気持を言い伝えられるかどうかわからないのですが、そうね、こう思いました。たぶん、あくまでたぶんですけれど、あなたの同胞がこの結婚のことを聞いたら、私たち、とくに母は歓迎されないのではないかと思ったのです。もしそうなれば、あなたも同じことに気づくでしょう。

私たちは何て面白くない立場に立たされてしまうのでしょう。長い目で見れば、そうしない方があなたのために良かったのではないかともおもいました。少なくとも母がこんなに早く決めなければよかったのにとおもいました。何かが起こって母が気持を変えるかもしれません。ところであなたは、私があなたと二人でいるところを友だちに見られるのを嫌がっている、といいましたね。見られると恥ずかしいからなのか、とも聞きました。そうね、まず私にはあまり日本人の友だちがいません。あなたに紹介した人たちが、せいぜい友だちと呼べる人たちですし、恥ずかしいという点に関しては、全くそうはおもいません。

それよりも、あなたを最もすばらしい友だちだと思っていることを私は誇りに感じるべきだ、とあなたは考えませんか。私はそうおもいます。それに道端に二人でいるところを見られたくないというのは、あなたの強いてのご希望でした。今夜はもうこれ以上この問題について書けません。ガスが切れてしまいました。ロウソクを持ってこなくては。

私は元気に過ごしていますが、時々寂しく、悲しくなってしまいます。まだ、知り合いも多くありませんし、知り合いをたくさんつくりたいともおもいません。私はいつも控えめです。だからどうぞ、ご安心ください。

今夜は女主人と教会へ行き、「クリスチャンの人間性」というすばらしい説教を聴きました。『中国のゴードンの生涯』を買うつもりです。あなたもぜひ、その本を買ってください。表題は『中国のゴードン』、あるいは『中国のゴードンの生涯』です。これを読めばクリスチャンであることが何であるか、分かります。いとしいリョウ、あなたにこの問題を考えていただきたいとおもいます。今夜はこの辺で。またすぐお便りします。

おやすみなさい。あなた。

愛をこめて、ジニー

ジニーはグラスゴーを発つ前、龍吉と二人の将来計画について話し合っている。サンダーランド行きがせまっている中で、彼女は母エリザベスの問題をどうするのか決めておきたかった。エリザベスは龍吉に好意的であり、娘の望みどおりにすればよいと考えていた。しかし、二人が一緒になればエリザベスもジニーとともに遠い日本へ、世界の果てまで旅しなければならない。龍吉は自分の期待がジニーを悩ませているのを知った。数ヵ月前、ジニーがいないときにポーロック街を訪ねて、二人といっしょに日本へ行かないかとエリザベスを説得したとき、彼女は日本へ行ってもよいとあっさり同意した。しかし、もうすぐ五十歳になるこの未亡人が、極東の島へ行くことを、そう簡単に決められないのは龍吉にも分かっていた。彼女はおおくのスコットランド人がポート・グラスゴーからアメリカやカナダへ渡っていることを知っており、外国への移民そのものはそれほど珍しいことではなかった。この年、クライド沿岸から海外へ二万六〇〇〇人が旅立っている。

一方、龍吉はまだ両親から結婚の承諾を得ていなかったが、父も母もこの結婚をあくまで拒むとは考えていなかった。エリザベスが日本へ行くことに同意したと彼がジニーに語ったとき、彼女がけげんな表情をしたのを見て龍吉は驚いた。ジニーにしてみれば、まだ龍吉の妻になるとは明言していなかったし、まして母が日本へ行ってもよいと彼に告げたことを彼女は知らなかった。ジニーにとって龍吉の行為は、社会的な習慣や宗教上の儀礼に反するだけではなく、二人の計画が親戚などに知れるとトラブルになるのは目にみえていた。日本への移住は大西洋を渡るのとは訳がちがう。エリザベスの親戚がこれに反対し、二人の結婚に疑問をもった場合、一家は反目しあうことになる。

グラスゴーでデートのとき、龍吉は絶えずまわりの人目を気にしていた。そして今、彼がグラスゴーの女性と結婚するというニュースは、この街に留学している日本人学生の好奇心を誘っている。

ジニーは龍吉をとおして日本の知識をもっているが、日本人社会には外国人を受け入れない閉鎖性があると感じはじめていた。ジニーはつねに彼女の将来にとって手がかりとなるものに注目していた。尾張丸の乗組員の動きを観察したり、日本から帰国した宣教師の報告を教会で聞いたり、新聞の記事を読んだりして日本についての知識を蓄積し、彼女が将来暮らすことになるかもしれない国について想像をめぐらせていた。龍吉には、なぜ彼女がためらっているのか理解できないが、ジニーは彼がまだ東京の両親から結婚の許しを得ていないと感じている。

ジニーが龍吉に推せんした書物の著者、チャールズ・ゴードン（一八三三―一八八五）は英国の将軍で、キリスト教への深い自覚をもつ人物として知られ、この時代に大きくクローズアップされていた。一八六〇年代、ゴードンは清朝の傭兵軍団「常勝軍」の司令官として太平天国の反乱を鎮圧し、「中国のゴードン」とよばれるようになる。清朝の皇帝はゴードンに報酬として金一万両を与えようとしたが、彼はそれを断った。その後ゴードンはスーダン地方総督、喜望峰植民地司令官を歴任する。

一八八四年、スーダンのイスラム原理主義者マフディー・アフマッドの反乱があり、ゴードンは英エジプト軍をスーダンから撤退させるためにハルトゥームに到着したが、時の英国政府は救援軍の派遣を先延ばしにしたため、逆にアフマッド軍に包囲されゴードンは戦死する。チャールズ・ゴードンの名はハルトゥームのゴードンとして不朽の名声を得た。潔白さとキリスト教への真摯な信仰によって、ゴードンの伝記はその後一〇年間ミリオンセラーをつづけた。

ちょうど、このころ龍吉は東京の母、美津に手紙を送り、近いうちに日本へ帰ると知らせた。ジニーにもそのことを知らせ、東京へ帰って両親を説得すると手紙に書いた。しかし日本へ帰っても、父小一郎を説得できる確信が龍吉にはあったのだろうか。

婚約

一八八四年三月二日

いとしいリョウ。きょうは、あなたから前に頂いた四通の手紙をくり返し読みました。

ああいとしい人、あなたをほんとうに悲しい気分にさせてしまいましたのね。

あなたの前のお手紙には、はいとお答えします。あなたのご両親が承知され、母も一緒に行かせて頂けるのなら、もうぐずぐず言ったりしません。こんなに返事が遅れて本当にごめんなさい。だけど仕方がなかったのです。考えなければならないことがそれこそ山ほどあるのです。きっとあなたは私がいつも大変だとばかり言っているとおもうでしょうね。でも乗りこえられるものなら、もう言うのは止めにしましょう。私はあなたに妻として愛情のすべてを捧げられるとおもいますし、あなたに仕えるために最善を尽くします。私にとっていちばんうれしいことは、あなたを幸せにすることになるでしょう。

いとしいリョウ、私が結婚を躊躇していた二つの理由が何だか、お分かりですか？　私を喜ばせるために生まれてきたとはどういう意味ですか？　あなたはリョウ・カワダではないのですか。私のいちばん親しい友人で、私に最も誠実で寛大な方ではないのですか。私はあなたのような方に愛されてほんとうに光栄だとおもいます。私は日本のことは何も知らないし、日本が好きになれるかどうかもわかりません。だけどこの身を安心してあなたにゆだね、あなたを幸せにできるのなら、私も幸福になれると信じています。

さあ、あなたが今しなくてはならないことは、できるだけ早く家に帰ってできる限りのことをお母さまにして差し上げることですわ。そしてどうなったのか、詳しく教えてください。

その間、私はここにいて、自分や母のために色々なことをしようと思います。そしてあなたの妻として恥ずかしくないように、いくつか習い事をするつもりです。

（後ページ　欠）

最初に結婚話が持ちあがったのは前年の六月である。それから九ヵ月後、龍吉の両親の同意が得られたかは不確かながら、ジニーと彼女の母は龍吉との結婚を受け入れた。ジニーはクリスチャンである彼女の考えにもとづいて、教会での結婚のことやそのとき必要とされる手続きについて龍吉と話し合っただろう。この時代、結婚は教会に挙式の予告を公示し、異議の有無を問う「結婚予告」の義務があった。したがって挙式の前には必ず教区教会に通知した。もっとも教会が関与しない民事婚の選択も可能だったが、敬けんなクリスチャンであるジニーが受け容れるはずはなかった。申告による変則的な結婚では、州知事の代理人が発行した証明書を必要とした。彼らの場合、手続き上の準備はある程度すすめられていたかもしれないが、龍吉の両親の承認はどうしても必要だった。

この点、一九二〇年にグラスゴーで結婚した竹鶴政孝《たけつるまさたか》とリタ・カワンの場合は異なっている。後にニッカウヰスキーを創設した竹鶴は、広島で製塩業を営む家の出身で、政孝の両親も息子を郷里の娘と結婚させ、家を継がそうと考えていた。竹鶴はリタとのことを手紙に書いて両親に了解を求めるが、日本から返事が来る前に政孝はリタと結婚してしまい既成事実をつくる。しかし川田家の場合、別の事情があった。

国際結婚は明治六年、すでに認められていたが、外国人と結婚した場合は新しい戸籍をつくり分家しなければならなかった。竹鶴はためらうことなく新戸籍をつくっているが、龍吉の場合は竹鶴のように何が何でも既成事実をつくるという選択は不可能だった。彼の留学は三菱の援助によるものであり、父小一郎は三菱事務総監の地位にある。両親の同意なしに龍吉は行動できなかった。

磯野との親交

一八八四年三月六日

いとしいリョウ。今朝、あなたのうれしい手紙を受け取りました。私の言葉であなたが幸せな気分になったと聞き、喜んでいます。これからも、そういう状態でいられるでしょうか。

お手紙には元気でいると書いていませんでしたね。近頃あなたはあまり元気ではないのではないかと私は感じています。どうかあなた、教えてください。元気で幸せにしていますか。ただちょっと楽しいというだけではなく真に幸せですか。前の何通かのお手紙は本当に悲しくて憂鬱そうでした。でもあなたに新しいお友だちができたと聞いて、うれしくおもいます。お友だちのイソノさんはとても好きです。お手紙であなたのことをたいへん誉めていました。その手紙は大切にしています。イソノさんには親切にしたいとおもいます。クリさんは元気ですか。今でも会ったりしますか。彼もあなたによくして下さいますので、とても好きです。

私が日本へ行ったら他のお友だちと同じように、あなたがお二人に親切になさるよう手助けしたいとおもいます。

イソノさんがおっしゃっている宗教の定義とは何ですか？　興味があります。クリスチャンになりたいと思っていらっしゃるのならよいのですが。イソノさんは手紙の中に「あなたのいちばん好きな人からの朗報」と書いておられました。私のことかしら？　あなた、私のことを彼に言いましたか？　朗報があったと知らせるおつもりですか？　あれは朗報でしたか？

あなたは安息日の手紙で私の年齢を尋ねましたね。今、二十歳です。今年は一八八四年でしょう。私は一八六四年に生まれました。歳をとってしまいましたね。もう十代は過ぎましたもの。早く私と結婚してくださらないと、オールドミスになってしまいますわ。考えてもごらんなさいな、ぞっとしませんか？　私がいじけたおばあさんになって屋根裏部屋に猫とオウムと住んでいても、好きでいてくださいますか。

それではお休みなさい、愛しい人。安らかに眠って私のことを夢にみてくださいな。私は横になっても目が冴えて、あなたのことや母のことやグラスゴーでの楽しかったときのことをあれこれ想ったりしています。

愛をこめて、ジニー　××××

龍吉の友人、磯野計は二十六歳。彼のグラスゴー滞在も終わりに近づいていた。龍吉と磯野の間には共通点があった。磯野の留学資金も三菱の岩崎弥太郎が提供していた。そして彼らは今、同じ船で日本へ帰国しようとしている。

磯野計は津山藩の出身で岡山の英学者箕作麟祥《みつくりりんしょう》(1)に学んだ後、大学南校に入り、明治十二(一八七九)年東京大学を卒業した。その翌年、岩崎弥太郎は彼をイギリスへ派遣し、ロンドンのノリス&ジョイナー商会で貿易を学ばせる。グラスゴーへ彼が行った目的は、クライド流域の造船所でちかく竣工し、日本へ回航される三菱の新造船に積み込む食料品を買い付けるためだった。

彼は帰国後、イギリスで身につけた経験を生かし、明治十八年、横浜に入港する船に食料品を供給する明治屋食品会社を設立する。明治屋はヨーロッパやアメリカから有名ブランドの洋酒を輸入販売する最初の貿易商社となり、横浜の外人貿易商と商戦を展開した。またヨコハマ・ブルワリー(ビール醸造所)の販売代理店となり、ビール販売の先駆けともなった。

ジニーは、磯野計の宗教観を聞いて彼に興味をもった。そして彼からもっと話を聞きたいと願う。

龍吉は次の手紙でこの夏に日本へ帰ると彼女に伝えた。彼は両親にすべてを話すことで、二人はまた再会できると確信している。その間に彼女はグラスゴーのコーツ牧師に手紙を送り、結婚の準備について相談したようだ。間もなくジニーは二十一歳の誕生日をむかえる。

一八八四年三月九日

リョウへ。教会から戻って、夕食を終えたところです。あなたは今ごろ、親友のイソノさんと一緒にいるのでしょうね。お二人とも楽しんでいらっしゃることでしょう。私は独りで座っています。ちょうど女主人がソファでくつろいでいるので、リョウに手紙を書くチャンスだとおもったのです。私の女主人は、とても親切で私に優しくしてくれます。でも、彼女は少しばかりおしゃべりが過ぎるのです。私が手紙を書いているときでも、彼女は時どき私に話しかけてきます。だから独りのときよりも、うまく書けないのです。それでも、あなたの家の女主人と違って、彼女はすばらしく料理が上手で毎日いろんな食事をつくってくれます。私に料理を教えてくれる約束もしました。もうパンもつくれますわ。たぶん、スコットランドに帰ったときには、あなたを驚かせるのじゃないかしら。かわいそうなのはあなたですわ。Sさんはステーキとポテトでいつもあなたをうんざりさせているのかしら？　教えてくださいな。

たった今、あなたが訪ねてきてくれたら、あなたの手をしっかり握りしめたいわ。土曜日には、まだマクギーチへ行っているのかしら？「あの若い女性はどこかへ行ってしまったのかね、それとも嫁いだのかい？」って聞かれたことはありませんか？　家に戻って、通い慣れた店や見慣れた顔を眺めてみたい。もちろん、そんなこと今は無理ですが。辛抱強く夏まで待って、あなたが旅立たれる前に、二週間ほど家に帰るつもりです。

この店がとても気に入っています。とりわけ私の主人スミス氏はとても親切な紳士です。まわりの人たちも、よくしてくれます。でも、私は懐かしのグラスゴーとあの町の人たちが一番好きです。けれどもマクギーチには戻りませんわ。今はここにいる方がいいとおもいます。

あなたがそんなに早く行ってしまわれるのは残念で仕方ありません。でも、あなたのことを考えれば私はうれしい。だって、あなたはその方がずっと幸せなのですもの。もちろん、日本から定期的に手紙を送ってくださるでしょう。あなたが私を心から愛してくださるので私はとても幸せです。私はあなたに絶対の信頼をおいています。私はあなたの幸福を最大に考え、あなたの心を安らげ、幸せにすることで最大限のお返しをします。私たちの期待どおりに事がすすめば、私たちは一緒に至福を得られると信じています。

母から手紙が届きました。元気にしている様子なので安心しました。愛しい母は、私がいなくて、とても淋しがっているに違いありません。でも、私は一生懸命働いて、母が幸せになるようできるかぎりのことをするつもりです。コーツ先生からの手紙も、もうすぐ届くでしょう。あなたにも送りますわ。

いとしいリョウ、私の誕生日を覚えていてくださるのは、あなただけです。私の母でさえ、すっかり忘れてしまったようですから。
今日はこの辺でさようなら。

愛をこめて、ジニー　××××××

帰国準備

龍吉の造船実習は終わりに近づいていた。そしてクライド川のドックでは「横浜丸」(二三〇〇トン)が完成し、試運転がおこなわれた。この船は三菱がグラスゴーのロンドン&グラスゴー造船会社に発注した新造船で、最高速度が一四ノットという新鋭の外洋船だった。三月十四日付の『グラスゴー・ヘラルド』紙は試運転の模様について「横浜丸の処女航海はきわめてスムースに航行し期待に応えた。同船は最新式の空気調整システムを含む近代的機械装置を備え、蒸気機関はネイピア兄弟工場製、操舵装置はグリーノックのジョン・ヘイスティー会社によって製造された」と記している。

間もなく横浜丸はオーナーに引き渡され、日本へ向かう準備に入る。航海の間、龍吉は機関士としてボイラールームに入り、磯野は食品の管理に忙しくなるだろう。出航日はまだ決まっていなかったが、予定は七月だった。

イースター・ウイークがやってきた。ジニーは休暇をとり、町の近くの海辺へ出かけた。彼女は龍吉がこのところ自信を失っているように感じていた。何が彼の心の重荷になっているのだろうか。

(前ページ、日付欠)

あなたがキャプテン・ブラウンに会えなかったのは残念ですね。ええ、ホイットバーンは知っていますよ。美しい小さな漁村でサンダーランドから三マイルぐらいのところにあります。

先週の火曜日は半日休暇を取りました。「告解火曜日」といいますが、その日はみんな夕食にパンケーキを食べます。私は女主人とローカーへ行きました。サンダーランドから二マイルほどの海辺の町です。海岸沿いに船が通り、波が砕け散っていました。ところで若い男性と一緒だったなんて思わないでくださいね。女性が三人いただけです。女主人のスティーブンソン夫人とお友だちのパーキンソン夫人と私です。私には男性の知り合いはまだ二人しか居ませんが、二人とも結婚しています。だからあなた、心配しないでくださいね。もちろん冗談ですが。あなた、嫉妬などしていないでしょうね。でもリョウ、お手紙を見ているとあまり元気じゃないように感じます。何か大変なことがあったのですか。どうなさったのか、はっきり教えてくださいな。あなたが元気だとよいのですが。

実は私、こんどの土曜日には家に帰って、あなたをびっくりさせようとおもっていましたの。母が二日ほど家に帰ってほしいといってきたのです。でもいざとなったら、ご主人に帰らせてくださいと言いづらくなってしまいました。ご主人はとても良くしてくださいますが。

夏になったら二週間ほど休暇をとろうとおもいます。七月頃に取るつもりです。そうしたら、あなたがお国へ帰る前にしばらく一緒に過ごせますね。それから髪を洗ったら髪の毛をすこしあなたに送ります。今はまだ寒いので少し暖かくなったら、すぐ送ります。私の誕生日にはあなたの好きなものを送ってください。私はいつもあなたの贈ってくださるものが気に入っています。

それにあなたが自分で選んだものは特に好きです。

おやすみなさい、あなた。これから教会へ行きます。お手紙を待っています。

愛しています。　　心から愛をこめて、ジニー　×××××（無数のキスマーク）

龍吉はキャプテン・ブラウンに会うのを楽しみにしていたが、会えなかった。キャプテン・アルバート・ブラウン（一八一三―一九一三）は、日本とグラスゴーの造船関係に重要な役割をはたした人物である。船の引渡しを仲介する仕事のほかに、日本沿岸に灯台を建設するため調査をおこなった。一〇年前、三菱会社は台湾へ軍事輸送をしたが、そのときブラウンは輸送船の一隻を指揮している。この頃ブラウンはイギリス各地を旅し、三菱のために船の注文や建造を監督していた。彼は完成したばかりの横浜丸を検分するためグラスゴーへきたのだろう。のちにブラウンは故郷スコットランドへ帰り、一八九〇年からグラスゴーで名誉日本総領事として日英親善に尽くした。

日曜日、ジニーはウエア川の向こう岸にあるローカーの海辺を訪れた。ウエアマウス橋を渡ってローカーへ行く途中、三〇〇年前に建てられた「聖ピーターズ教会」がある。信仰心のあついジニーはおそらくこの教会へ立ち寄っただろう。教会へみちびく小道の入口に「AD674」と刻まれた石柱が立ち、しばらく歩くとサクソン様式の尖塔と石造りの小さな会堂が見えてくる。教会堂は中世初期の建築で三〇〇年前の僧院の姿をとどめているといわれるが、修復がゆきとどき、それほど古い建築とはおも

聖ピーターズ教会
（サンダーランド市モンクウエアマウス）

えない。
聖ピーターズ教会は北イングランドのキリスト教の発展に重要な役割を果たしたベネディクト・ビスコップ(2)により建てられた。会堂の内部はステンドグラスの光にみち、荘厳な雰囲気につつまれている。ビスコップがとりいれたステンドグラスの技術は現代にうけつがれ、サンダーランドにガラス工芸を発展させた。

プレゼント

龍吉は彼女に誕生日のプレゼントを贈った。ジニーはこの夏、二週間ばかりグラスゴーへ帰り、久しぶりに彼女の母や古い友人に会おうと考えている。

一八八四年三月十六日

いとしいリョウ。あなたの手紙を二通、受け取りました。それにすばらしいプレゼントも。あなたのポートレートはあなたご自身と同じようにすてきです。とても気に入りました。頂いたロケットと鎖をみんなに見せてまわりました。女主人がロケットのことを友人に話したので、その人にも見せてあげました。いとしいあなた、あなたはいつも私に親切です。あのロケットを頂いたときも、とてもうれしかった。あなたが私を想ってくださっているお気持ちがよくわかりましたから。

それで、あなたはクリさんに恋人をグラスゴーで見つけたら、と薦めているのですね。私もそうなればよいとおもいます。実は、彼が好きになってくださるとよいのにと考えている人がいるのです。誰だかわかりますか。私がよく話題にする若い女性です。これがヒントです。でも、このことは彼に言わないでください。私は結婚仲介人だと思われたくありませんので。でも、とにかく私はイソノさんとクリさんの幸せをつよく願っています。私はイソノさんの宗教に対する定義「真実を追い求めるもの」が好きです。イエス・キリストも「我は真実と人生への道である。我を通ることなくして神へ行きつくことはない」といわれました。

あなたの「神はいずこに」と題された詩はとてもすてきです。しかし私はこの詩に対して疑問を抱いています。一体、神がどこにいないというのでしょうか。神はあらゆるところにいます。私たちは生き、活動し、在ることにおいて、神の存在を感ぜずにはいられません。

ヒバリが「光が見える」と歌っています。だから私も元気でいなくてはなりません。「神は愛である」私は最善を尽くして神をたたえ、愛さなくては。だからヒバリは私のつまらぬ小言を止めてくれるよいお手本です。

あなたはベラかスチュアートに、あの質問をしてもよいかと私に尋ねましたが、私にはわからないのであなたの好きなようになさればよいでしょう。それから、あなたは犬を飼うのですね。小さい犬でも、大きな犬でも、可愛い犬であればいいと思います。私は犬が好きです。リョウの犬を可愛がるのはきっと上手ですよ。犬に何という名前を付けるのか、教えてくださいね。あなたと結婚したら、私はイソノさんがあなたを夜遅くまで連れまわることを許さないでしょう。もし、そんなことをしたら彼にお説教をします。結婚したら私はきっとわがままを言って、あなたを独り占めにするでしょう。でもね、あなた。私は、わたしたちが幸せになれるよう最善を尽くします。

船が出航するはっきりした日付を教えて下さい。それに合わせて私もグラスゴーにいられるよう休暇の日程を決めます。じゃ、私の最愛のターター（バイバイ）。

愛をこめて、ジニー　××××××（小さいキスマークの連続）

スペシャル　××××（大きい四つのキスマーク）

龍吉は「神はいずこに」という詩を彼女に贈り、前々から抱いていた疑問を明らかにした。彼女はこの詩への反論に十分自信があったが、そこにはどうしようもない認識の差があるのを感じていた。もし二人がこのままの状態で教会の結婚式にのぞむことになれば、偽りの儀式になるかもしれない。ジニーはこの問題についてコーツ牧師の意見を求めただろう。

グラスゴーでいつも日曜日は教会で過ごしたように、サンダーランドでも彼女は近くの教会へ出かけ、説教をきいた。

一八八四年三月二十三日

いとしいリョウ。あなたの手紙を二通受けとりました。でも、あなたは私から一通しか受けとっていないのですね。私はとても欲張りなので、あなたからの手紙は毎週六通受けとって、私は一通だけ書くようにしたいわ。あなたに手紙を書くのが嫌だからではなく、あなたの筆跡を見ているだけで居ても立ってもいられなくなって、立ちあがってグラスゴーまで走って行ってあなたの顔を見たくなるのです。私が毎日あなたに手紙を書かないからといって、あなたのことを忘れているなんて思わないでくださいね。夜、手紙を書く時間がないほど忙しい秘密をあなたにお教えしますわ。実は週二日、連れと一緒なのです。どうか立ちあがらないで。音楽の先生よ。しかも女性。ピアノフォルテの音楽のレッスンを受けているのです。上手になるには少なくとも毎日一時間はピアノの練習を続けなければならないのです。週二日、私がどんな風にピアノの練習に励んでいるか、あなたならすぐに想像がつくでしょう。結構忙しいのですよ。

今日、ロケットを身につけていたのですけど、私の女主人が階下の女性に、ロケットの中には誰かの写真が入っていたと話したみたいなの。その女性が中を見せてくれって私をからかうのですもの。女主人にあなたの写真を見せたら、「とても思慮深い顔つきね」っていってくれたわ。ロケットやネックレスよりも写真のほうが好きです。今日はずっと、あなたの写真を見つめていました。でも写真の顔はあなたでも話しかけてはくれないのですもの。それでも今日、私は写真のあなたに話しかけていたのですよ。何を話したかは言いませんわ。あなたが恋しくて仕方がないのです。ミス・マクギーチはまだ恋人がいないでしょう。ミスターKと彼女がおつき合いできたらいいのにと思いませんか？　でも、私がそういったと彼に言わないでくださいね。クリさんもイソノさんも元気でいらっしゃることとおもいます。彼らとお知り合いになれたこと、そしてあなたのお友達となら、誰とでもお知り合いになれることをうれしく思っています。ミス・マクギーチに、あなたとミスターKを紹介しますわ。

犬の名前でしたらベンよりもジュノの方が好きですね。私の手袋のサイズを尋ねてくださったけど、サイズは六・五です。お元気でいらっしゃることを望みます。ああ、あなた。今すぐにでもグラスゴーへ行ってお会いしたいわ。

木曜日の夜、ある講演を聴きにゆきました。テーマは、「女性について」でした。第一は男性との出会い、第二は人生における女性の使命、第三は社会に対する女性の影響、第四は男性への最大の恵みと最大の呪いというものでした。とても素晴らしい講演でしたわよ。あなたの良き妻となれるよう、役にたつといいのですけど。彼の話したことを全部あなたに伝えたいわ。講演の内容が出版されるようでしたら、あなたに送ります。彼は「女性の使命は男性の精神と道徳心を向上させることである」とし、「男性の人生にとって愛は一つのエピソードに過ぎないが、女性の愛は彼女の人生そのものである、男性は自分自身のために女性を愛するが、女性は男性の美徳のために、そして男性のために愛する」と語りました。

イソノさんがユニテリアン信者になろうかと考えてらっしゃると聞いて、むしろがっかりしています。あなたが、そうならないことを望みますわ。彼らが神であるイエス・キリストを信じていないことは知っています。もし、イエス・キリストから宗教を奪えば、それは最も大切な部分を奪うのと同じことであり、生きていく術をなくすのに等しいことなのです。なぜなら、イエス・キリストこそ、私たちに姿を見せた神なのです。イエス・キリストの存在は歴史的事実ですし、それは否定できないのです。イエス・キリストの神格性は疑いなく証明されていると、私は信じています。事実、聖書がそれを証明しています。三位一体が神秘的だからといって、それが三位一体の存在を信じるべきでないという理由にはならないはずです。なぜなら、三位一体は私たち一人一人の中に存在するからです。神聖な魂、意志、あるいは心があるのです。これらの三つが一人の人間なのです。事実、私たちは神秘に包まれ、私たちの理解できないことを信じるよう強いられているのです。人生を例にとってみてください。人生とは何なのでしょう、どんなもので、どこから生まれてきたのでしょう。

もうこれ以上あなたに説教したりしません。でも、あなたがユニテリアン信者にならないことを望んでいます。このテーマについて勉強してみてください。そして私たちの神であるイエス・キリストを公平に吟味してみてください。なぜなら私はキリストの教えこそ、日本にとって希望であり、日本の女性の地位を向上させる唯一の力だと信じるからです。

少しですが私の髪の毛を同封します。あなた、私の髪の毛をどうするおつもりなのか教えてくださいな。十分でなかったら、言ってくだされればもう少しお送りしますわ。

もっとも親愛なるあなた、おやすみなさい。

いつまでもあなたを愛するジニー

日本女性に対するジニーの見方が手紙に示されている。彼女はキリスト教宣教師が極東で見聞した話を聞き、日本女性の社会的地位は低いと判断した。

ジニーは磯野計がユニテリアン思想に興味をもっているのが気に入らない。ユニテリアンは神が唯一の存在であるとして三位一体の教理を認めず、キリストの神性を否定する。ジニーにとってこの教義はとうてい受け入れられなかった。

中世に起源をもつユニテリアン思想は、印刷機が発明されたのち世界に広がったとされる。おおくの聖書が印刷され普及した結果、ある者は聖書の内容に明確な三位一体の概念がみられないとしてユニテリアンに発展した。イングランドでは十七世紀、ジョン・ビドルによって広められ、ヴィクトリア時代にはジェームズ・マーティナウ[3]の指導のもと自ら理性を示す信仰として発展した。ユニテリアンは明治十九（一八八六）年、日本に入り、キリスト教社会主義者の安部《あべ》磯雄《いそお》[4]らが信奉した。

手紙の末尾に、髪の毛を送ると書かれている。四〇年後、川田農場で龍吉の息子、吉衛が見つけた小箱の中の金髪はこのときジニーが送った毛髪だったのだろう。一方、龍吉はグラスゴーで見つけた音楽雑誌を彼女に送り、彼女のレッスンを助けている。

一八八四年四月六日

いとしいリョウ。あなたが送って下さった音楽雑誌二冊、届きました。どうも有り難う。最初の一冊がとても気に入りました。たいへん役にたつと思います。のどは良くなりましたか。

私は今ミス・マクギーチがどうしているのか、気になっています。だってグラスゴーを発ってから、何の音沙汰もありませんの。彼女は今、病気なのか、それともロズシーにいるのかもしれません。彼女からの手紙を首を長くして待っています。

あなたは今日、クリさんと一緒だったのでしょうね。私は今朝、教会へ行って午後は海辺を散歩しました。ご主人のスティーブンソン夫人と、お友だちのギブソン夫人が一緒でした。サンダーランドは本当にすてきなところです。

今日、教会では牧師さまが「オルバニー公の死」について、すばらしい話をなさいました。そしてオルガン演奏は、勇壮な「サウルの死の行進」のメロディーをうっとりするほど美しく演奏されました。本当に壮大でした。いつになったら私もあのくらい弾けるようになるのかしら。お説教にも、とても感動しました。テーマは「友達」でした。どんな友だちを持つべきかという点では、まずクリスチャンであるかどうかを確かめよ、次に高貴な人柄かどうかを見なさい、と言われました。

愛しいリョウ、あなたは教会に行かないために多くの幸せを失っているのではないかと思わずにはいられませんわ。なるべく近いうちに教会へ行ってくださるとよいのですが。火曜日にはあなたのすてきな手紙を頂けますわね。ご存知かしら、私の女主人は朝食前に手紙を読ませてくださらないのですよ。だけど彼女より前に郵便屋をつかまえたときは、いつでも読みます。

おやすみなさい。あなた。

愛をこめて、ジニー　×××

このところ龍吉はすっかり落ちつきをとり戻している。サンダーランドへ行ってしまってもジニーは彼を決して忘れていないことがわかり、ようやく安心したのだろう。二人はプレゼントの交換に忙しい。

一八八四年四月十六日

いとしいリョウ。今、家へ帰ったばかりですが、あまり多くは書けません。郵便車をつかまえなければならないからです。間にあうとよいのだけれど。汚い紙ですが気にしないでください。

ああ、あなたは本当にすばらしい方ですわ。どうして、あんなすてきな贈り物を思いつくのですか。でも言われなくても分かりますわ。だって、これは私の愛しいリョウそのものなのですもの。思いやりがあって、すてきで、優しすぎるぐらい優しくて。あなたを、からかっているのではありません。今朝、箱を開けたとき、どんな気持だったか、とても言いあらわせません。でもそれだけのキスは贈ることができます。だけどリョウ、本当にもうこんなすばらしい贈り物はやめてくださいね。幾らかかったか、考えるだけで震えがきてしまいます。いろいろと下さるので

部屋に入ったとき、この紙しか目にとまらなかったのです。

すもの。ところで金曜日はあなたの誕生日でしたね。間違いなかったかしら？　違っていなければよいのですが。

私があなたに何を望んでいるか、言わなくてもお分かりですね。私はどうも自分の望みを上手に言葉にすることができません。だからあなたに望むいちばんの願いを言うことにします。私は神があなたと共にあり、あなたに祝福を与えてくださるよう祈ります。もしあなたが神の祝福を得たなら、あなたは真の恵みを授かるでしょう。

喫煙用の帽子を送ります。でも、もっと煙草を吸って欲しいからではありません。私はこれを読書用帽子と呼ぶことにします。あなたと結婚したら、別の呼び名をつけることにしますわ。つくるのに時間がかかって昨夜やっと仕上がりました。あなたの誕生日に何をつくってあげられるか、ずっと頭を悩ませていました。というのも買ったものより、私の手作りのもののほうが喜ばれるだろうと思ったからです。それで私も何か苦心してつくったものをあげたいとおもいました。そして何がいいのかしらとあれこれ悩みました。

この帽子があなたに合わなかったら、どうしましょう。あなたもあら探しをあまりしないでくださいね。よい出来ではないので、一目で初めてつくったものとわかるとおもいます。でも初めてのものだからといって価値が半減すると、あなたは思ったりしないでしょう。

ではおやすみなさい、あなた。そうだ、郵便車をつかまえなくちゃ。

愛をこめて、ジニー　　お礼の意味で特別な××××

彼女は遠く離れたところにいたが、龍吉には友だちが多くいた。九里龍作や磯野計とともに新しいペット、ジュノも加わった。彼はポーロック街の彼女の母を定期的に訪問している。二人は目的に向かって少しずつ準備をすすめていた。二ヵ月ほど前にジニーが心配したような親戚とのトラブルもなく、エリザベスはすっかり龍吉が気に入って義理の息子のようにおもっている。

四月の終わりに向かって二人は平静をとりもどし、すべてが順調に運んでいた。彼女はサンダーランドに落ちつき、定期的にプレゼントを交換している。龍吉は夢をジニーと共有し、彼女は来るべき彼との将来を確信していた。

6

虹を追って

1884.4–1884.6

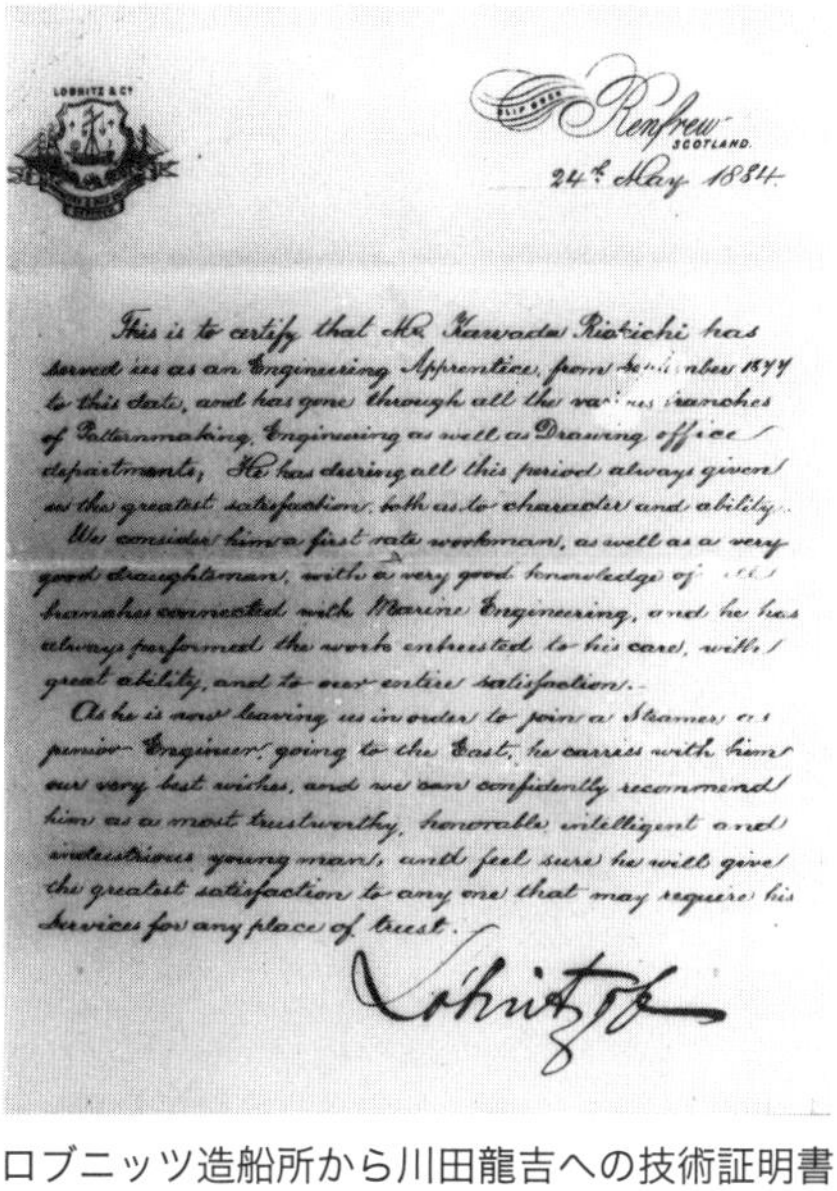

LOBNITZ & Co

Renfrew
SCOTLAND.

24th May 1884.

This is to certify that Mr Kawada Riokichi has served us as an Engineering Apprentice, from September 1877 to this date, and has gone through all the various branches of Patternmaking, Engineering as well as Drawing office departments; He has during all this period always given us the greatest satisfaction, both as to character and ability.

We consider him a first rate workman, as well as a very good draughtsman, with a very good knowledge of all branches connected with Marine Engineering, and he has always performed the work entrusted to his care, with great ability, and to our entire satisfaction.

As he is now leaving us in order to join a Steamer as Junior Engineer, going to the East, he carries with him our very best wishes, and we can confidently recommend him as a most trustworthy, honorable intelligent and industrious young man, and feel sure he will give the greatest satisfaction to any one that may require his services for any place of trust.

ロブニッツ造船所から川田龍吉への技術証明書
(1884年)

造船実習修了

このところ龍吉は、間近に迫った旅立ちのことで頭がいっぱいになっている。長い時間をかけてスコットランドに親しみ、レンフリューの生活にも慣れた。だが七年ぶりに帰る母国はどう変わっただろうか。期待感とともに、未知の世界をたずねる恐怖に似た感覚があった。スコットランド生活が長かっただけに彼の日本の知識や記憶はすでに過去のものとなり、今では理解できないことがあるかもしれない。

今、彼はジニーとの文通によって得られる支えだけが頼りだった。二人には希望と怖れが交錯していた。彼女は七月、龍吉の船が日本へ出航する前に二週間ほど休暇をとり、グラスゴーへ帰ろうと考えていた。彼らは互いに意見を交わし、手紙で伝えた問題や計画をまとめるための必要な時間として数日を予定した。ところが突然、船の出航が六月に早まり、ジニーはパニックに陥る。前もってジニーはグラスゴーへの旅行日程を決めていた。七月に二週間の休暇をとることで店の許可をもらい仕事を処理した。店主のスミス氏は若いアシスタントが店の仕事をうまくこなしているので信頼しているが、ここ数日、彼女の心が何かの理由で動揺しているのを見てとった。ジニーはスコットランドへの旅を六月に変えてほしいとスミス氏に嘆願する。

一八八四年四月二十三日

いとしいリョウ。今朝、あなたのキャビネ版の写真が届きました。とてもうれしいですわ。素的で、たいへん立派なポートレートだと思います。私の誇りにします。本当に有難う。

ところで日曜日、私に手紙を書いているとき、ご機嫌が悪かったようですね。そう思いました。だって、いつもあなたがどんな気分でいるのか、お手紙の調子でわかりますもの。

あなた、もし私に一緒になって欲しいのでしたらミス・スミスのように私の好みに合わせて頂かなくては。だけど私は黒い子犬[1]があなたの背中に乗るのを、あなたは嫌っているということを承知しています。でも元気を出して、あまり不平を言わないで。私が家に帰ってあなたに会うまでは、できるだけ上機嫌でいてくださいね。

あなた、六月はもうすぐです。ああ、そうしたら。けれど今落ちこんでいることについては、お気の毒におもいます。私もたまにそうなるのでどんな感じか、よく分かります。

ではまた、あなた。　愛をこめて、ジニー　×××××（三行のキスマーク）

ご機嫌がよくなりますように。

ロブニッツ造船所の実習は修了し、龍吉はレンフリューを去るときがきた。彼は出発までの間、これまでの下宿にとどまるのを止め、グラスゴーの中心に近い地区で過ごすことに決めた。ジニーはそれを知って驚いている。彼はポーロック街に借りた部屋へ、子犬のジュノと数百冊の蔵書を運ばなければならない。引越し先がポーロック街のどこだったのかは分からないが、彼の目的はエリザベス夫人にしばしば会ってジニーとの結婚プランを話しあうためだったのだろう。

一八八四年四月二十七日

いとしいリョウ。今朝、あなたが送って下さった写真二枚と新聞を受けとりました。まだベッドにいたときでした。ここでは日曜日の配達は朝八時半なのです。日曜なのであなたの手紙は来ないとおもっていましたから、びっくりしたのと同時にとてもうれしく感じました。ベッドにいて手紙を読むのもすてきですね。写真を拝見しました。これで頂いたのは四枚になります。私はキャビネ版のがいちばん好きです。デイビーの分はちっとも良いとおもいません。あなたはすこし堅苦しく写りすぎていますわ。マックナブが座っている小さな写真と立っている写真もよいとおもいます。ただ姿と位置はよいのですが、顔の写りがあまりよくないですね。やっぱりキャビネ版がいちばん好きですし、すてきな肖像写真だとおもいます。

この次に手紙を書くときは、あなたは嫌なレンフリューをぬけ出しているでしょう。新しい住まいで快適に過ごせるとよいですね。きっとクリさんも気に入りますわ。ポーロック街の住所を教えてください。

今夜はイングランド教会へ行ってきました。でもやっぱり懐かしいスコットランド教会のほうが好きです。ここ数日は店の仕事に追われて教会へも行けませんでした。シンクレア氏はダラム(2)へ行っているので私が店の一切合財をまかされています。とても不安です。何かヘマをしたらどうしましょう。そろそろ寝る時間ですのでペンを置きます。私の代わりにジュノの背中を叩いてやってください。

愛をこめて、ジニー　×××

龍吉が留学時代に撮った写真が二枚、川田家に遺されている。一枚は彼がロンドンへ着いて間もなくベーカー街で撮ったポートレート(四七頁参照)。もう一枚はグラスゴーで撮った留学生仲間との写真である。このころ彼はジニーから彼女のポートレートを数枚受け取っている。少なくともその一枚は龍吉が日本へ持ち帰ったはずだが、彼女の写真はどこにも見当たらない。彼女の顔かたちは金庫の奥深く秘められていた金髪から想像するより他に方法がないが、ジニーの人となりについては彼女の手紙から知ることができる。このところ龍吉はポーロック街へ送る荷物の梱包に忙しい。

一八八四年五月四日

いとしいリョウ。来ないとわかっていても、いつもの木曜日の手紙が来ないのは寂しいですね。あなたはとても忙しいのでしょうね。荷物の多さが想像できますもの。どのように引っ越しをされたのか、教えてくださいね。本だけでも山のようにお持ちですから。どうやってあれだけの本を整理するのか、私には見当もつきません。毎週土曜日になると、あの古い店に来たのを覚えていますか？　私はあなたがいつごろ来るか、ちゃんとわかっていました。あなたがたまたま来なかったりすると、とてもがっかりしました。会いたくてたまりませんでした。

ああ、あの頃は何て幸せだったのでしょう。あの時のことを思い出すと何ともいえない、胸を締めつけられるような気持がこみ上げます。もう一度あの日々が戻ってくればよいのに。だけど、こんな年寄りじみた言い方はよくないですね。だってここでもとても元気にやっているのですもの。スミスさんも、親切にしてくれています。私にとって父のような方です。

「新しく、より楽しい住まい」に移られて、そろそろ落ちつかれたとおもいます。きっと楽しく過ごされていることでしょう。ポーロック街にいるあなたに手紙を書けることが、どんなにうれしいか、とてもいいあらわせません。レンフリューは私にとってまったくなじみのない土地でした。あの時はあなたがとても遠くにいるような気がしていました。でも今はポーロック街なのですね。生き生きしたあなたが思い浮かびますし、近くにいらっしゃる感じがします。

空想の中で、あなたの手紙をいつも持ってきてくれた郵便屋さんが私の手紙を持って、まず母に渡し、次に通りを横切ってあなたに渡すのが見えます。私の愛しい母はとてもうれしそうです。そしてあなたもうれしいだろうと、期待をこめて想ってみたりします。

ミス・マクギーチからは何の返事もありません。お店についても何も聞いていません。昔なつかしい人たちがまだ店にいらっしゃるのか、皆教えてくださいね。音楽のレッスンも順調です。もうすこし勉強と練習をする時間があれば、とてもいいピアノ奏者になれると思うのですけど。でも、今あるものだけで最善をつくさなければいけないわ。

最も親愛なるあなた、おやすみなさい。

愛をこめて、ジニー　××××××（円形のキスマークの上に「良い子へ」とある）

五月の初め、龍吉は家賃を清算し、レンフリューの下宿を出た。造船所を去る前にロブニッツ造船所は、訓練コースでの成績や習得した技術を保証する次のような推薦状をこの実習生に与えた。

この証書は、川田龍吉氏が一八七七年九月から今日まで技術見習工として当造船所に勤め、製図室、機関製造、鋳型製作部門の各分野を修めたことを証明するものです。川田氏は、この間つねにその人格と能力において私たちに最高の満足を与えました。私たちは彼が優秀な設計者であると共に第一級の熟練工であると考えています。彼は船舶工学のあらゆる部門にすぐれた知識をもち、要求された仕事をすぐれた能力によって成し遂げ、完全な満足をもたらしました。いま、彼は東洋へ向かう汽船に二等機関士として乗り組むために私たちのもとを去ろうとしており、私たちは彼の成功を祈っています。彼は最も信頼できる尊敬すべき聡明かつ勤勉な青年であると、私たちは確信をもって推薦します。いかなる責任の場でも、彼の任務を必要とする人に対して彼は最大の満足を与えるであろうと確信いたします。

一八八四年五月二十日　スリップドック　レンフリュー　ロブニッツ&カンパニー

出航準備

一方、クライド川のドックでは「横浜丸」を三菱側へ引渡す準備が終わり、日本への出航計画が詰めの段階に入っていた。龍吉はこの船に乗組員として乗り組む。横浜丸はこの後、日本へ回航されたのち、二五年間、日本近海や中国沿岸を中心に運航された。

横浜丸は間もなくグラスゴーからロンドンへ向かう。すべてが計画どおりに運べば六月二十日にクライド川を出航する予定だった。ジニーは彼の出発までにグラスゴーへ着くことができるだろうかと心配している。

一八八四年五月十一日

リョウへ。あなたから二通の手紙を受け取りました。有難うございます。今ごろとてもお忙しくされていることでしょう。住まいが変わり、楽しんでいらっしゃることとおもいます。

あなたがおっしゃっていた歌のことですけど、私は存じません。だから、まだ買わない方がよいでしょう。私はまだ歌を弾くことができないのですから。弾けるのは短い練習曲だけです。

あなたの乗る船が二十日前に出航してしまうことはないでしょうね？　私はそんなに早く、そちらへ向かうことはできませんもの。でも、正確な日時はなるべく早く手紙で知らせてください。行けるようにできるだけ努力します。日程についてスミスさんと調整しなければなりませんので、とにかく早く知りたいのです。

今晩、ビショップ・ウエアマウスの教区教会に行ってきました。東京から帰られたウィリアムズ宣教師が来られました。でも日本についてあまり多くは話されず、あちこちの小さな出来事を話されました。昨年、プロテスタント系のクリスチャンに改宗した人が四〇〇〇人いるといわれました。明日の夜は「日本と日本人について」というテーマの講演があり、日本での彼の仕事について語られるそうです。行きたいのですが、あまり多くは得られそうにありません。

さあ、おやすみを言わなければいけませんわ。

愛をこめて、ジニー

ジニーは日本での布教を終えてイギリスへ帰った英国国教会の宣教師の講演を聴くため、聖マイケル教会へ出かけた。ジェームズ・ウィリアム宣教師は東アフリカで布教活動ののち、一八七六年に日本へ派遣され、函館で活動した。

ウィリアム師の海外体験談は、造船をとおして日本とのつながりをもつサンダーランドの人々を引きつけたことだろう。明治時代、サンダーランドの造船所で建造された日本の船舶は三菱会社と日本郵船の発注船だけでも一七隻を数え、サンダーランドと日本の間には人々の活発な往来があった。グローバル化はこの時代すでに始まっていた。しかし第二次大戦後、サンダーランドの造船業は衰退し、港の石炭積出しも廃止される。そのためサンダーランド市ではかつての造船に代わる製造業の誘致を図った結果、ニッサン自動車の工場誘致に成功する。一九〇〇年代末、サンダーランドのニッサン工場は五〇〇〇人の従業員が働くヨーロッパで最も生産的な自動車工場に発展した。多くの雇用が確保され、市は不況を脱した。サンダーランドと日本の結びつきは今も強い。

サンダーランド市フォーセット街六三番地
一八八四年五月十四日

いとしいリョウ。あなたの手紙と歌と新聞が届きました。どうも有り難うございます。あなた、すばらしい歌ですわ。先生に弾いて頂きました。ああ、もうすぐあなたに会えますのね、本当にもうすぐ。帰る日が分かり次第、お知らせします。イソノさんとクリさんにもよろしくお伝えください。ミス・マクギーチからは何の便りもありません。どうしたのか、さっぱり分かりません。ところでお友だちのキング氏から便りはありましたか？

愛をこめて、ジニー　××××××

この手紙はエルヴィンテラスからではなく、駅に近いフォーセット街のスミス書店より送られている。第二次大戦中、サンダーランドはドイツの爆撃によって港湾施設を破壊された。だが駅の周辺は空襲をまぬがれた。フォーセット街は今もデパートやブティックが軒をつらね買物客でにぎわっている。かつてスミス書店のあった六三番地の建物は往時の姿をとどめており、現在はソニーの販売店に

サンダーランド市フォーセット街（1900 年頃）

なっている。
ジニーは龍吉の友人、キング氏について訊ねている。この人物は一八七三年に工部大学校が造船模型製作のために雇ったアーチボルド・キングのことだろう。キングは石川島の平野造船所でしばらく技術監督を務めたが、やがてイギリスへ帰り、造船関係の仕事に携わった。
ジニーはグラスゴーで龍吉に会い、彼の帰国前に二人の計画を相談できると確信している。

サンダーランド市エルヴィンテラス一一番地
一八八四年五月十八日

いとしいリョウ。たぶん今頃、とても忙しいのでしょうね。出かけるところだとか、不意にお客がくるとか、何やかやとあって。でも、楽しいひとときを過ごされているとおもいます。
キング氏が時間に間に合うよう来られたとは運がよかったですね。遅れていたら会えずじまいでしたもの。ミス・トーフィーはまだキング氏とお付きあいしているのですか？　それとも、もうキング夫人になりましたか？

私は今、家へ帰る準備で大変です。日が決まりしだいお知らせします。とにかく、あなたが帰られるまで家にいられる時間は十分あるとおもいます。家に帰る日が来たら、うれしくて跳びあがるでしょう。写真を二枚受け取りました。本当に有り難う。あなた、どちらもすばらしくてこの上ない写真だとおもいました。でも帽子をかぶっているほうが好きです。スティーブンス夫人に見せて帽子に見覚えがあるかと尋ねたところ、すぐに分かりました。帽子のことで、どんなにからかわれたことでしょう。家に帰ったら、お互い話すことがそれこそ山のようにありますね。母はもうすぐ私に会えるのでとても喜んでいます。

また会う日まで、とりあえずアディユー。

愛をこめて、ジニー　××××××

追伸　いつも短い手紙でごめんなさい。「まるで氷のよう」だなんて思わないでくださいね。でも、間もなくあなたに会える今となってはあまり書けないとおもっています。

束の間の再会

龍吉は忙しすぎた。そのせいか、あらゆることに対し疑心暗鬼になっていた。ジニーは冷たくなり彼から離れようとしているのではなかろうか、とか。ジニーとエリザベスを故国から遠く離すことが現実的で正しいのだろうか、とか。それに東京の両親への疑念もますます深くなっていた。

一方、ジニーはグラスゴーへ帰る日程を決めた。結局、彼女は龍吉の出発前にじっくり話しあうことをあきらめた。会える時間はほんのわずかしかない。

一八八四年五月二十五日

いとしいリョウ。木曜日にも金曜日にもあなたから手紙が一通も届かないので、一寸がっかりしています。でも、きっと毎日いそがしくされているのでしょう。それとも、あなたがイメージする「心を開いてくれない人」へ手紙を書く価値はないとおもっていらっしゃるのかしら。

いとしいリョウ、私に同情する必要はありません。どうか、私が「自分を犠牲にしている」なんていわないでください。私について、あなたがどのお友だちに尋ねられても、彼らは「もっと上を見るべきだ」とか、「いろんなことを成しとげて、いくらか資産のある女性を選ぶべきだ」というはずですよ。故郷の人に尋ねられても、きっと同じことをいわれるでしょう。ですから、どうか「あなたは僕のような者に値しない」なんていわないでください。さもなければ私はあなたにとって十分ではないと、本気で信じていらっしゃるのだと思ってしまいますわ。

でも、私は自分自身について言っているのではありません。正直にいってリョウ、私は自分が、あなたを上回ることはなくても、同じくらいにできた人間だとおもっています。でも、私は女性、あなたは男性。私とあなたはかなり違うけれど、優っていなければ、劣ってもいません。でも、もうこの話は止めましょう。

六月二日の月曜日に家に帰ることに決めました。月曜日の朝、五時一〇分にここを出ます。あなたが出航される二週間前には家に帰っていたかったのですが、六月二日より前に帰ることができないのです。いとしいリョウ、家へ帰るのを心待ちにしています。分刻みでその日を指折り数えています。

今夜は長老派教会(3)へ行ってきました。グラスゴー出身のW・C・スミス氏の優しいお説教を聞き、心が安らぎました。彼はとてもいい方でした。彼は罪深い使徒たちを前に「汝、われを愛せよ」と説いたキリストの言葉をテキストに選ばれました。すばらしい説教でした。

あなたがイエス・キリストに心を捧げないことで何を失っているか、知ってくだされればとおもいました。私の愛しいリョウ、このことについて真剣に考えなければなりませんよ。それだけの価値のあることを私が保証しますわ。あなたはまだ人生の半分しか生きていませんし、それも始まったばかりなのです。おやすみなさい。もうすぐあなたのもとに参ります。

愛をこめて、ジニー　××××××

次の月曜日、彼女はグラスゴーへ向かった。この一週間、ジニーは二人に与えられた短い時間の中で、彼に告げなければならないことを確かめている間に時間は過ぎていった。

六月二日早朝、彼女は北へ向かう汽車に乗った。間もなく車窓から北海が見えた。やがてニューカッスル・オン・タインを過ぎ、小さな駅をいくつも通過し、なおも汽車は走りつづけた。そのあと、トゥイード川にかかる赤れんが橋をゆっくり渡った。イングランド国境を越えてスコットランドへ入ったのだった。川岸の鮮やかな木々の緑がジニーの目にしみた。

彼らの結婚プランは申し分ないが、龍吉の父への説得にすべてがかかっている。もし説得が成功すれば二人はすぐ一緒になれる。九時過ぎに汽車はエディンバラに着いた。もうグラスゴーまで遠くはない。クイーン・ストリート駅には龍吉と母が迎えにきているだろう。

半年ぶりの再会だった。彼らは久々のデートを楽しみ、よい思い出をつくろうと心がけた。この日を忘れないために二人は互いの写真を撮った。時間はきわめて限られていたが、互いの心の中には時間との競争を忘れさせる感情が満ちていた。

別離

つぎの日、横浜丸はクライド川のドックを出航し、ロンドンへ向かった。ジニーは埠頭に立ち、彼を見送った。いつまた会えるだろうか、そんな思いが二人の心をよぎった。

その後、すぐ彼女はグラスゴーへ戻った。龍吉との別れは悲しかったが、彼女はその想いをきっぱり断ち切った。そして長い間会っていない友人たちに再会するため、ユニオン街のマクギーチ書店を訪れた。彼女はなつかしい店で古い友人に会い、追憶の日々の出来事を語りあった。

グラスゴー市ポーロック街六七番地　一八八四年六月三日

いとしいリョウ。あなたの懐かしい手紙を受け取りました。きっと今頃はロンドンへ向かっていることとおもいます。そうそう、ミスター・パイに会いに行ったことをお話ししなければ。マクギーチの店に寄りましたの。みんな、私に会えたのをとても喜んでいました。パイさんは私を事務所へ伴って、私がグラスゴーを離れてから起こった出来事を話してくれました。

　商売の話が一段落すると、パイさんは私に尋ねました。「カワダさんはもうグラスゴーにいないのを知っているかね？」私は「知っています」と答えました。するとパイさんは「そうかい。じゃ、カワダさんがいなくなる前に彼に会ったかね？」と聞かれたので「はい」と答えました。

　次に古い店へ行って、男の子にミスター・ウィルソンとミスター・サイムと話をしたいと頼みました。またベラとケイトとも少し言葉を交わしました。ミスター・スチュアートとは話さずじまいでした。ウィルソン氏に言わせると、サイムとスチュアートは仲が悪くて、うまく折り合いがつかないのだそうです。ウィルソン氏からミス・マクギーチはロズシー[4]に行ってしまったこと、そして私に伝言が残されていることを聞きました。でなければ彼女の所へ足を運ぶところでした。もし私が訪ねてきたら、そのことを伝えてくれることになっていました。それと、住まいがグラスゴーからアネット通りに変わったことも伝言の中に入っていました。あなたがここを去る前に、このことを知っていればよかったのにとおもいます。

　明日の朝はロズシーまで行ってみるつもりです。夕方には戻ってこられると思います。今日はこの手紙を書き終えたら、メアリーヒルまで行って姉の子どもたちに会ってきます。

私の写真を同封しておきました。母がもう一枚、焼き増しを欲しい、といっておりました。もちろん時間の都合がついたときで結構です。ちっとも急ぎませんので。

愛しいリョウ、あなたは元気で幸せに暮らしていることとおもいます。あなたが遠くへ行ってしまって長い間帰ってこないのだということが、まだはっきりわかりません。いまにもあなたがベルを鳴らして入ってくるのを待っている気分ですわ。

ああ、いとしいあなた。あなたがそんなに遠くにいるのかとおもうと、とても寂しくなります。でも夕方になって静かにあなたのことを考える時間ができたとき、私は神様にあなたを祝福してくださるように、あなたを導いてくださるようにお願いするのです。すると、まるで私があなたからさほど遠くないところにいるような気持になります。

もし嵐が来ようものなら私はみじめな思いをするでしょう。だって、私の「水兵ラディー」[5]は海にいるのですもの。あなたの航海が順調な天候に恵まれるよう心から希望します。イソノさんにもよろしくお伝えください。あなたのために心をこめて祈っています。

私のいとしい人。私はいつまでもあなたのものです。

愛をこめて、ジニー　××××× 　インクにキスしたので唇で汚してしまいました。

ロンドン寄港

横浜丸の機関室で龍吉は新しい船のエンジン操作に集中した。ロンドンは二度目の訪問だったが、スコットランドに過ごした七年間がテムズ・ドックランドの景観を大きく変えていた。横浜丸が停泊した埠頭はテムズ川の北岸、ベックトン(6)にある「ロイヤル・アルバート・ドック」だった。これより四年前にオープンしたこのドックは当時世界で最も大きく洗練されたドックで、のちに日本郵船の汽船がたびたびこのドックに寄港している。ロイヤル・アルバート・ドックは現在も使われており、ドックの対岸にロンドン・シティー空港がある。

龍吉は乗組員とともに船で寝泊りしていた。彼は日本への出航まで二週間は準備のために停泊すると予想し、ドックから三キロほど西のフェンチャーチ通り(7)にあるイースタン・エージェンシーを連絡場所に指定していた。すでに彼は東京の母から便りを受取ったし、ジニーとも連絡がとれていたので不安はなかった。彼は日本へ到着した後、手紙の送り先を二ヵ所、彼女に知らせた。

ジニーはグラスゴーの知り合いを訪ねるのに忙しい。

グラスゴー市ポーロック街
一八八四年六月九日

いとしいリョウ。先週からずっと、あなたの手紙を心待ちにしていましたが、今朝、ようやく二通の手紙を受け取りました。いとしいリョウ、あなたが一生懸命、働かなければならないことをお気の毒におもいます。今頃、とても疲れていらっしゃるのでしょう。でも、ここを発つ前に楽しい時を過ごされたのですね。今あなたは私の勇敢な「水兵ラディー」なのよ。とてもうれしいわ。あなたにキスをあげましょう××。でも、もしあなたが機関長だったら、そんなに一生懸命働かなくてもよかったでしょうに。そうでしょう？

あなたのスペリングは、いつも上手だし正しいのですが、小さな誤りがありました。「breakfast」を「breakfaste」と綴っていらしたわ。でも、とても小さな誤りですから。誰にでも感情の揺れがあることを思えば許されることですわ。厳しい仕事以外に何もなく、食べるものがない飢えた状態、朝食も見込めないときをあなたは過ごされたのでしょう。なんてひどい、おそろしいことなのでしょう。「あらゆる点で結婚していたらどんなにいいだろう」と、あなたがおもうのも不思議ではありません。お母さまから手紙を受け取られてよかったですね。あなたの帰りを彼女はどれほど待ち焦がれていることかしら。

先日、頂いた手紙に、日本人学生の「meating」に出席するつもりだと書いてらしたけど、あなたは「meeting」とおっしゃりたかったのでしょう。その集まりは朝食ぬきの日本人学生の集まりだったのかしら。

水曜日の朝、ロズシーへ行って、木曜日の夕方までいました。ミセス・マクギーチと三人の若い女性にも会いましたが、友人のミス・ケイトと二人だけで話すことはできませんでした。だから、彼女には何も話していません。あなたの名前も出ましたわ。いつも店に来ていらしたわねって。でも、もう店に来ることはないと私がいうと、皆さん驚いてらしたわ。あなたがこの国を去ったと、聞いていないみたい。祖国に向かって出航されたのよと説明しておきました。二人とも、私がそれを知っていることに驚いた様子で、どうやって知ったのかと尋ねられました。あなた自身から聞いたのだと答えると、あなたに会ったことがあるのかと聞くのよ。ええ会ったのよというと、どこで？と聞くのでポーロック街だといったわ。私たちの家でと付け加えようとおもったら、彼女らが話題を変えてしまったのでいう機会を逃してしまいました。

金曜日にカードナルド[8]へ行ってきました。それから土曜の午後にベル夫人にお会いしたこともお伝えしなければ。メアリーヒル[9]へも行って、小さな姪と甥に会いました。二人とも元気で、前に会ったときよりも成長していましたわ。二人ともとてもよい子で、あなたにご紹介する機会がなくて残念におもいます。姪は九歳で、私の亡くなった妹にとてもよく似ています。学校の成績もよいし、物覚えが早く上手に書くことができるの。男の子はちょうど六歳で学校に行きはじめて十八ヵ月になるそうです。勉強するより遊ぶ方が好きなので、まだ慣れないようね。でも、とても良い子で読むのは上手だし、すこし書くこともできるわ。なかなかお利口さんよ。あなたもご存じの彼のお父さん（私の姉の夫）は、貨物船の機関長をしていて、今、南アメリカにいるのです。将来、子どもたちはあちらに連れて行かれるのかもしれません。

そう、先週月曜日の夜、ポーロック街でクリさんと、ばったりお会いしたことをお話ししなくてはならないわ。彼は私のことを知っていたとおもいます。なぜって彼はじっと私を見つめていたし、私も彼を見つめたのですけど、彼は私を凝視しつづけるので私は目線を下に落とさなければなりませんでした。もちろん、私は彼の横を通り過ぎただけで、彼も通り過ぎて行ったのですけど。たぶん、私が誰だか分かったとおもいますわ。

いとしいあなた、私は明日の朝早くグラスゴーを発ちます。これからはサンダーランドへ手紙を出してください。今日はこれでさようならを言わなければなりません。

愛をこめて、ジニー　×××××

追伸

あなたへ手紙を送るときの宛先として、横浜と東京の二つの住所を書いてくださったけれど、あなたの船は東京へ着く前に横浜へ寄港するのですか？　例えば、あなたがロンドンを発ってから五週間後に横浜宛に手紙を書いて、その二週間後に東京宛に手紙を書いたとしたら、あなたは二通の手紙を横浜と東京で受け取るのかしら？　もちろん東京に到着されたことを教えていただければ、それから後はいつも東京のご住所宛に手紙を出しますわ。東京があなたの定住地ですものね。私が判らないのは横浜と東京のどちらがここから近いのかしら。横浜は東京から約六〇マイルだというのを何かで読んだようにおもいます。でしたら、東京の方がここから近いのでしょうか。正確に教えてください。

ようやく彼女はユニオン街の書店時代からの親友、ミス・マクギーチをつかまえた。彼女はその後、結婚してミセスになり、グラスゴーから船で三時間ばかりのビュート島ロズシーに住んでいた。この島はクライド河口にあり海に近い。ヴィクトリア時代、ロズシーは人気の保養地で湾に沿って遊歩道や野外ステージ、小さな波止場があり、八〇〇年前にスコットランド王スチュアートの祖先によって建てられた丘の上の古城が人気をあつめていた。

一方、ロンドンで龍吉は数人の日本人留学生に会う機会があった。日本人留学生会が定期的に開いていた集会に参加したようだ。この集まりは一八七三（明治六）年に二人の土佐出身者、馬場辰猪《たつい》と小野梓(10)がつくった組織で留学生の意見交換の場となっていた。後に、会員の一人だった桜井錠二(11)は「日本人留学生会での友情は私たちの努力を支える拠り所となった」と語っている。龍吉は日本人会へ出席して日本のニュースを知り、七年間の空白をすこし埋めることができた。

ジニーは一週間ばかりグラスゴーで時間を費やした。親戚や古い友人に会い、母と互いの近況を話しあったあと、サンダーランドへ向かった。

サンダーランド市エルヴィンテラス一一番地　一八八四年六月十五日

いとしいリョウ。今朝、あなたの手紙を受け取りました。今週ずっと手紙を待ち焦がれていました。火曜日以来、あなたが私のことなどすっかり忘れてしまったのでは、と思いはじめていたのです。でも、あなたはずっとお忙しかったのですね。船に料理人がいると聞いて、とても安心しましたわ。出航されてまだ十日もたっていないのですね。なんてことなの！　どうして船をグラスゴーに停めてくれなかったのかしら。ところで、キング氏はまだグラスゴーにいらっしゃるのかしら。何をされるつもりなのでしょう。まもなく日本に行かれるのですか。

ね、聞いてくださいな。私はサンダーランドに戻っていますの。周りの人たちは皆、私に会って喜んでくださったわ。でも今回は、最初に戻った時よりもずっと気が滅入っています。信じられますか。懐かしいグラスゴーを去るのがとても残念で、あの愛しい古い街のことを想うと悲しいほどホームシックになってしまうの。でも休暇で帰っても最初の二、三日を過ぎると、ここに戻ってくるべきだと考えてサンダーランドへ帰ってきてしまうのです。

かわいそうな母は私が居なくては生きていけないのだわ。できるだけ早く母をここに連れて来なければなりません。

クリさんが私のことをご存じだとおっしゃったのね。そのはずだと思いますわ。あれは私だったこと、私も彼のことを存じあげていたと、クリさんに伝えてください。あなたは何故、私が彼に話しかけなかったのかとお聞きになるけれど、お分かりでしょう。彼を紹介されたことがないのですから、話しかけるなんて思いもしないわ。それに私も紹介されませんでした。でも、どことなくあなたは自信に満ちていたし、仕方がなかったのです。

ねぇリオ、あなたがロンドンを発ったあと、日本へ最初の手紙を書くのは五週間待ってからでしょう。あなたが東京のどこに居ようとも、私の手紙はあなたの元に届くのでしょうか？

この辺でさようなら。あなたがロンドンを発たれる前に、もう一度手紙を書きます。多分、二通書きますわ。

愛をこめて、ジニー　×××××

追伸

夕食に行くとは言われても、教会に行くとは決しておっしゃらないのね。あなたがスパージョンの会堂へ行かれるようアドバイスしますわ。

ロンドンで横浜丸の出航は遅れてしまい、最初の計画どおりに出発することはできなかった。ジニーは首都礼拝堂へ行って、スパージョンの説教を聴いてはどうかと龍吉に勧めている。この礼拝堂はテムズ川の南にあり、ヴィクトリア時代の著名なバプテスト派の牧師、チャールズ・スパージョンが六〇〇〇人の聴衆を集めて定期集会を開いていた。この年、五十歳のスパージョンは体力的に絶頂期にあり、マイクロフォンのない時代、すさまじい大音声を発して大観衆に説いた説教は伝説として伝えられている。しかしそのショーマンシップは、ときには非礼であるとして一部の市民から非難された。スパージョンの説教は毎週出版されていたから、キリスト教関係の書店に働くジニーはその名をよく知っていた。

一八八四年六月十九日

いとしいリョウ。短く済ませます。今、ちょうど音楽のレッスンが終わって、寝る前にもう少し練習をしなくては、とあせっているところです。ねえ、あなたがロンドンにいるのが羨ましくってたまらないのがお分かりですか？　私も世界有数の大都市を見たくてたまりません。健康博覧会を楽しまれたこととおもいます。私も行きたかったわ。

今、この手紙を書いているあいだもルイスさん（私がお話しした例の女性）がピアノを弾いていいます。ピアノを弾きながら「別れのときキスした彼」を歌ったり、金切り声をあげたりしています。いま、歌は「彼は独り者だから」に変わりました。そうそう、私がいるこの部屋にピアノが来たのですよ。家に帰っている間にスティーブンソン夫人が買ってくださったのです。だからこの家にはピアノが二台あることになります。一台はミス・ギブソンのものです。

ああ、いとしいリョウ、オゴシ夫人には本当にご同情申し上げます。あなたのお手紙を読んでとても悲しい気分になりました。カトウ氏は本当に思いやりのない方ですね。私は彼が大嫌いです。たぶんカトウ氏が私のことを知ったら、ああ、あんなのただの売り子じゃないか、というでしょうね。もしあなたのお友だちが私をそのように言っていると知ったら、私はどんな気持がするとおもいますか？　そんなことを言われたら私、絶対にあなたとは結婚しませんわ。オゴシ夫人もそんな人と結婚しなければ良かったのにとおもうでしょう。

ではお休みなさい。

愛をこめて、ジニー　××××

「国際健康博覧会」(International Health Exhibition) はサウス・ケンジントン近くで開かれ、多くの市民の関心をあつめて成功した。博覧会が示した衛生学は家庭の疾病予防に貢献し、後に博覧会成功の記念事業としてサウス・ケンジントン・トンネルが建設される。また一年後に会場の近くに観光施設「日本人村」が開かれ、八〇人以上の日本の曲芸師や職人が曲芸や伝統工芸をイギリス人に披露した。日本人村はヴィクトリア時代の民衆の関心をあつめ、ジャパンブームをひきおこす。のちにロンドン、ストランドのサヴォイ劇場で公演されたギルバート&サリヴァンのベストセラー・ミュージカル「ミカド」がこのことを如実に物語っている。(12)

そして日本へ

一八八四年六月二十一日

いとしいリョウ。今朝、あなたの手紙を受け取りました。私の手紙が一通もそちらへ届いていないとのこと。驚きました。グラスゴーを出てから三通は確実に書いています。これは四通目になるはずです。あなたに教わったとおりの住所に宛てて出しました。

ロンドン市フェンチャーチ通九番地

イースタン・エージェンシー気付　SS横浜丸　四等機関士　R・カワダ様

届いたかどうか、すぐ知らせてください。とても心配ですし、どうして届かなかったのか、まったく理解できません。この手紙はロイヤル・アルバート・ドック宛に送ります。

愛をこめて、ジニー　××××

ポストへ入れた手紙が行方不明になった。サンダーランドへ帰った後、ジニーは四通の手紙を送ったが、初めの三通は届かず、ようやく四通目が届いたらしい。前に送った三通はたぶん遅れていたのだろう。とにかくジニーは手紙がロンドンの龍吉に届いていないのを知り、不安になった。

龍吉が次にジニーに送った手紙は、横浜丸がついに港を離れる日が来たことを告げていた。彼女はスミス書店で仕事の合い間を利用して、出航前に龍吉へ届ける最後の手紙を書いた。

サンダーランド　フォーセット通六三番地　一八八四年六月二十四日

いとしいリョウ。今朝、手紙を受け取りました。写真、どうも有り難うございました。とても素的です。ただ右手がぼやけていて白い縁とよく合わないのが残念です。私がお送りした写真について、あなたの質問に答えるのを忘れていました。ごめんなさい。でも、もうよいのです。無駄なお金をかけて欲しくありませんし、わざわざ費用をかけるほどの写真でもありません。それほど小さいとも思いませんし。だから、あれはもう気になさらないで下さい。ただ、お送りした写真は返してください。母に上げようとおもいます。

金曜日には本当にこの国を出ていってしまうのですね。たぶんこの手紙が、この国であなたが受け取る私の最後の手紙になるでしょう。いとしいあなた、楽しい旅になるよう祈っています。

私を思いだしてくださるものを何か差し上げようと考えたのですが、あなたは何でもお持ちのようなので何がよいのかわかりません。それに気のきいたものをつくる時間もありませんでした。ですから、小さな日課の聖句集を送ります。私のためにこれをいつも傍においてください。あなたへの私の願いがすべてかなえられたら、あなたはいつも幸せで祝福されることでしょう。では、さようなら、あなた。そしてもう一度おやすみなさい。私の心は、いつもあなたのもとにあります。

愛をこめて、ジニー　××××

追伸
封印の言葉は「時は移りゆけども、友情は変わらず」です。
ああ、いとしいあなた。さようなら。さようなら。　×××××
追伸二
音楽はずいぶん上達してきました。ハーモニウムを弾くのは難しくありません。でもパイプオルガンは私の手に余るようです。バイオリンを習おうかとおもっています。ぜひ、弾けるようになりたいわ。

手紙は別れの悲しみに満ち、ジニーのいじらしさが胸にせまってくる。彼女は二人の結婚が失敗に終わるかもしれないと予感していたのだろうか。それとも再会までに長い年月がかかるかもしれないと考えていたのだろうか。

彼女が最後の手紙を書いた三日後の六月二十七日金曜日。「横浜丸」はロイヤル・アルバート・ドックを出航し、日本へ向かった。船はテムズ川をゆっくり下っていった。すこしずつロンドンの街が遠ざかってゆく。熱い想いが龍吉の胸にこみあげた。青春時代の七年間をスコットランドに過ごし、苦難と悲しみに耐えながらも、希望と自信を得た。そして何よりもジニーとの交流が大きい希望の光となった。

これまで多くの日本人留学生が工業化時代のヴィクトリア朝英国に留学し、明治日本の近代化に貢献した。龍吉もレンフリューでの経験を生かし、時代に献身するときが来ようとしていた。

7

ドックから〝男爵いも〟へ

1884.9-1951

元・横浜ドック会社「2号ドック」の内部

横浜のポートサイトを訪れた観光客はそそり立つ「ランドマークタワー」に圧倒される。晴れた日、この七〇階建・二九六メートルのタワービルのスカイガーデンに立って下界を見おろすと、横浜港が視界いっぱいに開け、訪れた人々の目を楽しませてくれる。

「みなとみらい21」とよばれるこの地区は、昭和五十年代の終わり、横浜市の都市再開発計画によって、周辺の造船所やドックが撤去され、その跡地に造成された。地区の辺りにはヨコハマの歴史を示す建造物が多く保存されており、例えばタワービルの足もとには、海洋国日本がかつて世界にほこった大型帆船「日本丸」を見ることができる。その日本丸が繋留されているドックは一〇〇年以上前、川田龍吉らによって造られた。

一八八四（明治十七）年六月の終わり、日本へ向かう「横浜丸」で龍吉は機関士として働き、彼の友人磯野計は食材を提供するケータリングの仕事に従っていた。ロンドンを出てから数日後、横浜丸はジブラルタル海峡を通過し、地中海へ入った。そしてスエズ運河を通ってインド洋を東へ向かい、二ヵ月後の八月末、目的地の横浜港へ入港した。

許されなかった恋

東京では龍吉の両親がひたすら彼の帰りを待っていた。小一郎は牛込大曲《おおまがり》に邸宅を新築中で、まだ邸は完成していなかったが、龍吉は広壮な庭や母屋に驚いた。龍吉の目にはすべてが非現実の世界にうつった。彼は日本へ帰ったら、とにかく結婚の許しを得ようと決めていた。それから先は近い将来

横浜ランドマークタワーと１号ドック

イギリスへ行き、彼の花嫁としてジニーを日本へ連れて帰るつもりだった。龍吉は父を必死に説得する。しかし彼がどう説いても小一郎は耳を貸さなかった。父は最初から断定的にその結婚相手を拒絶した。川田家の後継者である龍吉の嫁は由緒正しい士族の家から迎えなければならない。川田家は小一郎の努力により相当な財産を築きあげたが、家柄の点で小一郎は満足していなかった。士族ではあったが、小一郎は下級武士の出身であり、社会的地位をより安定させるためには家格を高める必要があった。小一郎にしてみれば外国人の嫁など論外だった。

龍吉はイギリスを出発する前、ジニーに東京と横浜のアドレスを渡していた。彼女はその住所宛てに何度も手紙を送っただろう。しかし龍吉が帰国した後、彼女から受けとった書簡は一通も残されていない。ジニーからの手紙は、龍吉が入手する前に小一郎によって処分されたとおもわれる。ジニーは龍吉を待ったが、彼は戻らなかった。彼女は龍吉が日本に縛りつけられたと考えた。二人が未来へ向かうチャンスはない、と悲しい結論に達した彼女は日本へ手紙を書くことを止めた。

明治十七（一八八四）年九月、帰国した龍吉は長旅の疲れをいやす間もなく、三菱製鉄所の機械技師に任命され、船舶修理の仕事につく。この工場は九年前、ロブニッツ造船所の技師カルダーの指導によって建設された造船工場だが、この頃でもまだ補修専門の工場だった。欧米では急速に船舶技術が進歩し、外洋航路の船舶には二気筒機関、三気筒機関が装備されて、より高速化していた。ボイラーも水管式が採用されて複雑化し、補修には新しい知識を必要とした。三菱製鉄所ではロブニッツ造船所で学んだ龍吉の新しい知識を必要とした。政府派遣であれ企業派遣であれ、海外の技術を習得した技術留学生は、日本の工業発展に大きい貢献をなすべき人材としていちはやく産業部門に登用された。

帰国以来、龍吉は激務がつづいていた。そこへ突然、衝撃的な訃報がとびこむ。明治十八年二月、三菱の創始者、岩崎弥太郎が急死したのである。小一郎は弥太郎の死に絶望し、三菱を去る。彼にとって弥太郎亡き後の三菱会社は、何の魅力もなかった。

大変革の波が日本の海運界に押しよせていた。郵便汽船三菱会社は、共同運輸会社との激しい価格競争の結果、この年一月、両社は合併し「日本郵船会社」が設立される。三菱製鉄所もまた日本郵船に吸収され、「日本郵船横浜鉄工所」と改称された。

日本郵船の発足から半年後の八月、龍吉は「新東京丸」(二一九四トン)に三等機関士として乗船することになり、ふたたび海へ出る。それから四ヵ月後の十二月には「薩摩丸」(一八六六トン)へ移る。二つの船はどちらもその年、グラスゴーで建造された最新鋭の汽船で、龍吉は新しい設計による機械装置や機関の操作法を乗組員に指導した。クライド生まれの新東京丸や薩摩丸は龍吉にとってレンフリューでの苦難の日々やグラスゴーでの記憶につながっていた。だが彼がスコットランドを去ってすでに二年の歳月が過ぎ、ジニーとの約束はあきらめざるを得なかった。

強いられた結婚

明治二十(一八八七)年、龍吉は土佐小高坂《こだかさ》村の郷士、楠瀬斎民《さいみん》の長女楠瀬春猪《くすのせはるい》と結婚する。楠瀬家は南北朝時代の武将、楠木氏の一統につながる名家で、川田家同様、安土桃山時代の土佐の領主、

楠瀬春猪

長宗我部氏の家臣だった。名家と関わりをもちたい小一郎は楠瀬家との縁組を願い、楠瀬斎民もまた新興階級である川田家との結びつきを望んだ。両家の利害が一致した縁組だった。龍吉はすでに三十一歳、家督を継ぐべき長男がいつまでも結婚を拒否することはできなかった。龍吉はジニーへの想いを心中深く封じこめ、長男としての責任を果たすべく小一郎の意思にしたがった。

この縁組は春猪も自ら望んだ結婚ではなかった。彼女は十七歳、女子高等師範学校を卒業した才媛で、ピアノを巧みに弾いた。彼女は音楽教師として教壇に立つことを夢見ていたが、結婚によってその望みは断たれた。初めのころ二人の結婚生活は順調だった。姑の美津はこの嫁が気に入ったらしく、「品のよい縞の袷があったらあつらえてほしい」と春猪に着物の見立てを頼んでいる。四国から上京した春猪の母も娘が川田家で幸せに暮らしている様子を見届け、安心して帰郷した。そして間もなく郷里の両親は初孫誕生の知らせをうけた。

龍吉夫婦は生涯に八人の子を生したが、この時代としてはそう珍しくはない。長女常子は明治二十一（一八八八）年に生まれ、のちに嫁いだ。長男吉郎は楠瀬家の養子となり楠瀬の家を継いだ。龍吉の最も気に入りの息子で川田家を継ぐはずだった二男吉雄《きちお》は明治二十八（一八九五）年に生まれた。

そのほかに三人の息子と二人の娘がいた。

外から見るかぎり、洋行帰りの龍吉とハイカラな春猪の若夫婦は幸せそうだった。しかし二人の間には大きい溝が横たわっていた。年齢が十四歳も離れていたし、性格や考え方も一致しなかった。春猪は、封建時代の妻のあるべき姿を厳しくしつけられていた。この時代、「嫁しては夫に従え」といわれ、夫と妻は夫婦というより主従の関係に近かった。

スコットランドで龍吉はジニーと自由に意見を交わし互いの考えを伝えあったが、春猪は夫と対等に話そうとはせず、ただ仕えるだけだった。春猪との関係はつねに堅苦しく緊張を強いられた。やがて龍吉はいらいらし始め、事あるごとにかんしゃくを起こすようになる。彼女は夫に何をいわれてもただ「怖れいります」とだけいい、頭を下げた。春猪にしてみれば、不用意な一言で龍吉を刺激する危険を避けたかった。

龍吉の不満の原因は社会への失望感もあった。グラスゴー留学時代、彼は日本が近代社会をめざし着実な歩みをつづけていると信じていた。ところが七年ぶりに帰国してみると、都市も農村も彼の期待に反した状況だった。農民は経済不況と凶作のため飢えに苦しみ、一揆が各地に頻発していた。龍吉の帰国から二ヵ月後の明治十七（一八八四）年十月、埼玉県秩父地方に数千人の農民が蜂起する。農民軍は群役所や高利貸を襲撃し、政府は軍隊を出動させた。翌年一月、農民軍は鎮圧されたが、秩父事件はロンドンにも伝えられた。ギルバート&サリヴァンはミュージカルに「ティティプ」という架空の町を登場させ、この事件を伝えている。

川田龍吉・春猪夫妻
（明治 20〔1887〕年頃）

さらに明治十八（一八八五）年から十九年にかけて都市を中心に伝染病が大流行し、赤痢、腸チフス、コレラによって明治十八年の死者は二万人以上に達した。その翌年にはコレラが蔓延し、全国の患者数一五万人、死者一〇万人を数えるにいたった。しかし政府は伝染病に対して何ら対策を講じることはなく、警察に衛生行政をゆだねた。

龍吉がイギリスで見聞した社会福祉政策は日本にみられなかった。東京の衛生状態は、彼がロンドンを発つ直前に訪れた国際健康博覧会の展示とまったくかけ離れていた。彼は明治政府の無策に驚いた。政府の関心は産業推進と軍事力増強に向けられ、住民の福祉は無視されていた。龍吉の心の中には政治への怒りとともに、望まない結婚を強いた父への憤りや妻への不満が渦まいていた。

龍吉が精神的ストレスから逃れる道は、仕事に熱中する以外になかった。明治二十一（一八八八）年、彼は日本郵船会社から製図掛を命じられ、設計者として新しい船舶の設計に従事する。さらに翌年にはすべての船舶の機関関係を管理監督する機関監督助役に抜擢された。

明治二十二（一八八九）年は父、小一郎にとっても重要な年となった。小一郎は三菱会社を退いたあと、牛込の邸にちっ居していたが、この年まったく予期しない要請が大蔵大臣、松方正義から届く。松方は日本銀行の総裁に小一郎を推薦したのだった。日本銀行では前任総裁、富田鉄之助が辞任したため、総裁の席が空席になっていた。小一郎は第三代総裁に就任し、明治二十九（一八九六）年に死去するまでの七年間、日銀総裁を務めた。明治十五（一八八二）年の日銀創設以来、今日までに二九人の総裁が就任しているが、川田小一郎は歴代総裁のなかでもとくに傑出した総裁だったといわれる。

明治二十八（一八九五）年、小一郎は日清戦争の戦費調達への功績により男爵の爵位を授けられた。民間出身者では小一郎が最初の授爵だった。

明治ドックランド——横浜ドックの誕生

日本郵船機関監督の職に就いた龍吉はこの頃、横浜海岸に近代的な新しいドック会社を設立するための準備に関わりをもち始めていた。この事業はその後一〇年間、龍吉の仕事となる。

「横浜船渠《ドック》会社」は、神戸の川崎造船所や長崎三菱造船所のように大型船の建造能力をもつ造船所を東京に近い地域につくる必要にせまられた日本郵船会社が建設を計画した。国内最大の海運会社である日本郵船が当時保有していた船舶は五八隻、六万八〇〇〇トンに達していたが、明治以前に建造された老朽船が多く緊急に補修を必要とした。補修工場は、横浜海岸に日本郵船が三菱から引き継いだ横浜鉄工所があり、その他にも渡辺鉄工所や外国人経営の造船工場があったが、いずれも小規模な工場だった。

明治二十二（一八八九）年六月、横浜船渠会社を創設するための発起人会が京浜の実業人、財界人三二人によって開かれた。出席者は日本郵船の吉川泰二郎、近藤廉平[1]。実業界から原善三郎、来栖壮兵衛[2]。財界からは大倉喜八郎、渋沢栄一、浅野総一郎[3]などだった。発起人会では会社の資本金を三〇〇万円と決め、事業推進のため発起人の中から九人の設立委員を選出する。ドックや工場の建設用地は横浜内田町海岸（入舟町）の海面を埋め立て、約三万八〇〇〇坪（一二・五ヘクタール）の敷地を造成するというもので、それまでに例のない大規模な埋立て計画だった。

横浜港のドック建設計画はこれより前、政府による横浜港築港計画があった。政府はお雇い外国人技師のイギリス陸軍工兵少将ヘンリー・パーマーに計画の策定を依頼し、築港とともに防波堤、桟橋、船渠の設計を委嘱した。パーマーは海岸埋立地に大小三つのドックを築造し、工場などを建設。さらに埋立地の南北に突堤を築いて、その内側に船溜まりを造成するという計画を立案する。工事は明治二十二年に着工されたが、ドック築造は予算の制約により民間への委託となった。

横浜船渠会社では発起人会のあと、会社創立願書を神奈川県へ提出した。しかし会社設立の認可は下りなかった。県は港全体の築港計画の調整に手間どっていた。ようやく設立が認可されたのは明治二十四（一八九一）年、発起人会から二年後だった。一方、資本調達も難航していた。建設工事は資金の調達を待って開始される予定だったが、三〇〇万円の資本金があつまらなかった。この時代、造船への投資家の関心は低く、投資意欲をそそらなかった。建設計画は暗礁に乗りあげた。

しかし新しい造船所は緊急に必要とされ、可能なかぎり早く計画を前進させなければならない。ところが九人の設立委員の中に造船の専門家が一人も加わっていなかった。日本郵船は船渠計画を軌道に乗せるため龍吉に横浜船渠会社への異動を命じ、計画に加わるよう指示する。龍吉はレンフリュー時代に考えた構想を実行に移すときがきたと感じた。横浜へ転居した龍吉は、ドックの実現をめざして奔走する。現場の下見、パーマーとの打合せ、県との交渉など多忙な日々がつづいた。

明治二十六（一八九三）年、横浜船渠の再出発をはかる二回目の発起人総会が開かれる。その結果、社名を「横浜船渠株式会社」に改め、当初計画では三〇〇万円だった資本金を五〇万円に減額、設立委員に川田龍吉らを加えることが決定する。そのあと開かれた取締役会で龍吉は専務取締役に推薦され、造船所建設は龍吉を中心に取締役会が進めることになった。

龍吉はパーマーの設計書を入念に検討した。パーマーはその後、最初の計画を変更し、埋立て海面区域をさらに広げてドック数を四ドックとする案を再提出していた。しかし修正案は経済不況や資金問題により実施が困難だった。龍吉はパーマーに計画変更を求めた。ところがこの年、パーマーが急死する。龍吉は後任の設計者を探す必要にせまられた。ドックの設計は土木工学の専門家でないかぎり不可能である。

パーマーの後任に誰を選ぶか、取締役会で検討がすすめられた。ほとんどの取締役はイギリスから外国人技師を招くことを提案した。しかし龍吉は日本人技師の起用をつよく主張する。「日本は欧米の技術をすでに十分とり入れた。これからは国産技術を育てなければならない」と彼は考えていた。ドック築造に経験をもつ土木技術者を探したところ、海軍横須賀造船所に適任者がいた。海軍技師、恒川柳作《つねかわりゅうさく》(4)だった。恒川には横須賀造船所2号ドックを築造した経験があった。海軍大臣に恒川の参加を申請したところ「公務の余暇であればドック築造に協力してよし」との回答があり、パーマーに代る設計者は恒川と決まった。

パーマー設計の再検討は、恒川が海軍の任務で忙しかったため、龍吉が横須賀へ出向いて恒川と話しあった。その結果とりあえず大小二つのドックを建設することになり、改めて恒川技師が設計し直することになった。また埋立海面の海底地質調査の実施が決まった。恒川は新しい設計書を明治二十七（一八九四）年夏に完成し、その設計にしたがって起工の準備がはじめられた。

最初の石造りドック——横浜ドックの初代社長

設計図によると「1号ドック」が長さ一四六メートル。「2号ドック」は一〇六メートルだった。取締役会で検討された結果、工事は建設期間の短い2号ドックから先にとりかかることになった。当時、横浜港に出入りする船は2号ドックの規模でも十分、収容が可能だった。ところが起工の準備が終わり、いよいよ工事開始というときに日清戦争が勃発した。土木業者は忙しくなり、労働者もあつまらなかった。計画はふたたび壁につき当った。

船を建造し修理するドックには、いくつかのタイプがある。かつて龍吉が実習したレンフリュー・ロブニッツ造船所のドックは「引上船台」だった。この方式は陸上に船を引き上げて作業をおこなうため、排水量二〇〇〇〜三〇〇〇トンまでの船に限られる。恒川が設計したドックは、「乾ドック」だった。この形式のドックは地面を長方形に掘り下げて掘割りを造り、側壁と底面をコンクリートや石で築く。船はドックの中で造り、完成すると海水をドックの中へ入れて船を浮き上がらせ港外へ出す。乾ドックは建設に時間を要し費用もかかるが、耐用年数が長く五〇年以上使える。それにドックの規模にもよるが数千トンから一万トン級の船まで、建造が可能だった。龍吉は日本にも一万トンクラスの船が建造される時代がくると予想し、新しいドックは乾ドックでなければならないと考えていた。

118号、明治39〔1906〕年8月。恩地薫氏所蔵、横浜開港資料館提供）

工事を統括するため、龍吉は新たに船渠築造部を設ける。そして恒川技師を中心に工法の検討をすすめた。まずドックの側壁や底面を築く資材が問題となった。ドックの内面には地盤の圧力や地下水の水圧によって外圧が加わり、注水時にはさらに内部の水圧や船の重量がかかる。したがって側壁や底面は大きい外力に耐えられるだけの強度が必要となる。龍吉は、この問題の解決策として「切り石」で内壁や底面を築いてはどうかと考えた。つまり城壁のように石を積み上げてドックの内壁をつくる。古来、日本には石積みの技術があり、その工法をドック築造に利用するのである。

石造りドックは、かつて享保年間に瀬戸内海の倉橋島《くらはしじま》で和船をつくる小さなドックに応用された例がある。だが一万トンちかい規模の船を建造するドックが石で築かれた前例はなかった。しかし強度計算の結果、恒川も龍吉も石組み方式で強度、機能ともに十分だと判断した。2号ドックは石積み方式が採用されることになった。洋式ドックでは日本最初の石造りドックだった。

日清戦争が終わった明治二十八（一八九五）年一月。2号ドックの建設は、入り口の海水を遮る潮留め工事から始まった。潮留めの作業

横浜船渠会社全景（左から1号、2号、3号ドック。『横浜商業会議所月報』

は恒川技師が監督し、約半年後に終了した。ついで掘割りの掘削に入り、作業は翌年春まで続いた。明治二十九（一八九六）年春、巨大な掘割りは姿をあらわし、石積みの作業がはじまった。神奈川県真鶴《まなづる》から一万七〇〇〇個の「小松石《こまついし》[5]」が搬入され、多くの石工によって築造工事はすすめられた。

明治二十九年末、2号ドックは竣工した。喞筒所《そくとう》（ポンプ場）では蒸気ボイラーの火入れ式が行われ、威勢のよいポンプの音が構内に響きわたった。最初の補修船が2号ドックに入ったのは、明治三十（一八九七）年春。日本郵船の「西京丸」（二九一三トン）が入渠し、補修作業がはじまった。

この年、龍吉は四十歳になり、2号ドックの完成によって記念すべき年となった。しかし、十一月に父、小一郎が急死し、喜びは悲しみに変わる。龍吉は父の爵位を継ぎ、男爵となった。

明治三十年、龍吉は横浜船渠の初代社長に就任した。彼は発起人会にはかり、資本金を二〇〇万円に増資、1号ドックの築造を開始する。それから二年後、1号ドックは完成し、二つのドックはそろった。計画から八年後のことだった。

明治三十二（一八九九）年月一日、ドック開きを祝う開渠式がおこなわれた。1号ドックに日本郵船の「河内丸」（六〇九九トン）、2号ドックには「博愛丸」（二六二九トン）が入り、招待客は初めて見る巨大なドックに目をみはった。龍吉は横浜船渠株式会社を代表し、神奈川県知事や横浜市長、イースタン・ワールド新聞社社長など七〇〇人の招待者の前でドック完成の報告をおこなった。今や龍吉は川田男爵とよばれ、横浜船渠社長として造船界のリーダーとなった。グラスゴーでジニーと別れた日から一五年の歳月が過ぎようとしていた。

蒸気で走る〈馬なし馬車〉

龍吉は東京牛込の邸に住み、横浜へ通勤するようになった。牛込から新橋駅（汐留）まで人力車に乗り、汽車で横浜へ行った。

明治三十四（一九〇一）年、初夏のことだった。龍吉は東京、芝口（新橋付近）の路上で、これまでに見たことのない乗物を目にする。白いタイヤの四輪車で形は馬車に似ていたが、馬具をつける金具がどこにもなく、馬車ではなかった。店の看板は「米国ロコモビル会社日本代理店」とあった。〈ロコモビル？　つまりロコモティヴ・モービルの意味だろうか……〉と龍吉は考えた。〈蒸気で走る車なら運転できるだろう〉。

一八年前、ジニーへ宛てた手紙に龍吉は「結婚したら馬車を買いたい」と書いた。すると彼女は「私が結婚するのは馬車じゃなくてリョウキチさんなのですよ。馬車がなくても私は幸せでしょう」と答

米国ロコモビル会社東京芝口陳列所
（明治35〔1902〕年頃）

えた。あの頃、龍吉に馬車は買えなかった。だが今ならどんな馬車でも手に入れることができる。龍吉は蒸気で走るその〈馬なし馬車〉を買うことに決めた。

「ロコモビル」は十九世紀末、マサチューセッツ州のスタンレー兄弟が製作した蒸気自動車で、一八九九年、コネチカット州の「ロコモビル会社」がこの車の製造権を買いとり、大量生産した。三年間に四〇〇〇台が出荷され、欧米を中心に販売されている。市販価格は米国で六〇〇ドル。世界で最初に大量生産された車となった。

ロコモビルの構造は、自転車用パイプを溶接して組み立てたフレームに木製ボディーを載せ、その上に二人乗りの座席が取り付けられている。座席の下には一四インチの円筒型ボイラーとバーナー、そして垂直型の2気筒蒸気エンジンが搭載され、チェーンによって動力が後輪に伝えられた。燃料は灯油が用いられた。運転は座席の前にある舵棒を前後に動かし、進行方向を変えた。スピードは最高時速三〇マイル（四八キロ）まで出せたが、二〇マイル走るごとにタンクに水を補給し、エンジンに注油をしなければならなかった。

日本自動車工業会が著した『日本自動車工業史稿』によれば、日本へ最初のロコモビルが輸入されたのは明治三十三（一九〇〇）年四月。横浜山手に住んでいたアメリカ人J・W・トムプソンが横浜山下町の「アメリカン・トレーディング会社」からロコモビルを購入し、横浜の町をドライブした。このとき横浜を走ったトンプソンのロコモビルが日本に登場した最初の自動車だとされている。

翌年、アメリカン・トレーディング社の支店長F・W・ストーンは横浜山下町七七番地に「ロコモビル・カンパニー・オブ・アメリカ日本代理店」を設立し、東京芝口に「ロコモビル芝口陳列所」を開く。龍吉がロコモビルを見たのはこのときだった。彼はロコモビルを二五〇〇円（現価約九〇〇万円）で買い、運転法をアメリカン・トレーディング会社の社員、宮崎峰太郎に習った。龍吉はこの車を通勤につかった。牛込大曲から新橋駅まで約二〇分のドライブだった。沿道の人々は蒸気をもうもうと吐いて走るロコモビルを見て「へっつい（かまど）が走っている」と驚いた。龍吉が走らせたロコモビルが日本人により最初に運転された自動車であり、彼は日本人オーナードライバー第一号であるとされている。

転　身――横浜ドックを辞職

さて、ロコモビルは東京の町を快調に走っていたが、横浜船渠会社ではドックの完成後、財政状況が悪化しつつあった。重役たちは、事業に不慣れな龍吉が会社を不利な状況に追いこんでいるとみた。龍吉はつねに投資家に報いることが事業にとって重要であり、株主は利益に見合った配当を受けとるべきだと考えていた。彼は株主に対し積極的に利益を配分した。だがその結果、経営を健全に維持する資本金の内部留保が減り、会社は損失をこうむった。数人の取締役は、株主への利益配当を抑え資本の社内留保を支えるべきだと主張、龍吉に方針転換をせまる。批判の急先鋒は支配人の来栖壮兵衛だった。経理担当取締役である来栖は、技術畑の龍吉が財政にかかわることを苦々しく感じていた。資金問題をめぐって来栖と龍吉は絶えず衝突し、両者の対立は深まっていった。

彼らの争いは財政面に止まらず、技術上の問題でも衝突した。二十世紀に入って船舶技術は急速に発達し、技術革新への対応をせまられていた。来栖たちは新しい知識と技術を先進国に求め、海外から最新技術に習熟した技術者を招くことを主張する。日本の技術はまだ英国のレベルに追いついていなかった。だが、龍吉は技術導入にたよる時代はすでに終わり、日本の技術者の実力を認める時代に入っていると主張した。とくに恒川柳作によって二つのドックを成功させた実績が彼を支えていた。しかし龍吉の考えに取締役たちは同意しなかった。

明治三十四（一九〇一）年、来栖壮兵衛たちは龍吉を無視し、英国からイギリス人技術者アーネスト・トムソンを招く。そしてトムソンを横浜船渠会社の新しい技師長に任命した。さらに翌年、来栖らは横浜船渠の株主で横浜に住んでいたイギリス人ジェームス・ハチソンを名誉顧問に推薦する。来栖がハチソンを名誉顧問に推薦した狙いは、イギリス人を経営に参加させることで外国人投資家を増やそうとしたのだが、この一連の人事は社長の龍吉に事前の相談がなく、来栖らの独断で運ばれた。龍吉は経営から外され、会社の支配権を失った。間もなくハチソンは取締役に推薦される。

重役たちとの争いに疲れた龍吉はしばらく休養をとることにし、軽井沢の別荘にこもる。明治三十六（一九〇三）年一月、横浜船渠会社の定時株主総会が開かれ、ハチソンの取締役就任が決まった。その席上、龍吉は株主の前で「本日をもって社長の職を辞任し、会社から身を引く」と告げる。数人の有力者が辞任を思い止まるよう彼を説得したが、龍吉の辞意は固く彼は翻意しなかった。

龍吉は短気で頑固だが、直観力にすぐれ先見の明があった。二十世紀の日本がもはや英米との技術協力を許さない政治状況にあると彼は感じ、日本人技術者の育成を早くから唱えていた。少数の取締役は彼の洞察力を評価したが、現実はイギリス人技師を受けいれざるをえなかった。

横浜船渠会社は昭和十（一九三五）年まで操業を続けた。初期のころ補修専門の工場だった横浜船渠は、第一次大戦後、大型船を建造するようになる。大正九（一九二〇）年に進水した「りおん丸」（七〇一八トン）から昭和十年の「萬光丸」（四四七一トン）まで、一五年間に横浜船渠会社が建造した船舶は、日本郵船の発注船だけでも二四隻、一五万九七二トンに達している。それらの中には第二次大戦前、サンフランシスコ航路に就航した「秩父《ちちぶ》丸」（一万七四九八トン）、シアトル航路に活躍した「氷川丸《ひかわ》」(一万一六二二トン)がある。

土への願望——軽井沢へ

明治三十六年(一九〇三)一月、四十七歳で横浜船渠会社を去った龍吉は、東京牛込の自宅で自適のかたわら、軽井沢へしばしば出かけるようになる。かねてから龍吉は軽井沢を第二の人生の場にしようと考えていた。

農業が少年時代からの夢だった龍吉は、小一郎の死後、受けついだ父の遺産を投資して、軽井沢に二〇〇町歩(約二〇〇ha)の土地を買い入れる。そして地元の農夫に頼み、農耕馬を飼育させていた。

横浜船渠を退職したあと、龍吉は農場管理人と作業員二人を新たに雇い入れ、本格的に農業をはじめる。彼は作業員を指揮して農地に馬を入れ、ハロー(砕土機)を曳かせて砕土した後、西洋野菜の種をまいた。さらに、十分な水を必要とする野菜づくりのために、ため池を造成した。当時、農場の管理人が記した作業暦によると、工事のために延べ二〇八人の労務者が動員されたとある。飼育の馬も和洋種あわせて一九頭に増やされた。

浅間山麓に位置する軽井沢は夏でも涼しい。龍吉が西洋野菜の栽培を思い立ったのは、高原の冷涼な気候が野菜づくりに適していると考えたからだった。彼はキャベツを中心にパセリ、ニンジン、ビート、ジャガイモなどを試作する。当時キャベツはまだ日本に知られていない西洋野菜で、「キャベージ」と呼ばれ、軽井沢に住むアメリカ人やイギリス人が自家用に菜園で育てていた。夏になると、東京や横浜に住む欧米人は暑さを逃れて軽井沢にやってくる。彼らは龍吉の農園で自分たちの好む野菜を見つけ喜んだ。やがて龍吉の農園の野菜は評判になる。彼は東京に住む外国人の要求にこたえて、東京新橋の青物店「遠州屋」へキャベツを出荷した。西洋野菜がビジネスになると知った彼は、さらに羊や豚など家畜の肥育にも乗り出す。

農業は龍吉にとって生きがいであると共に、国家への貢献でもあった。彼は二〇年前、スコットランドの農村を歩いて感じた印象を「すぐれた工業国はすぐれた農業を併せもつ。発展する国家は工業と農業のバランスがとれている」と、語っている。

三年が過ぎ、軽井沢農場の営農は順調だった。ところが、予期しない事態が龍吉を再び造船界に呼び戻す。明治三十九（一九〇六）年、日露戦争が終わった翌年、龍吉は日本郵船社長、近藤廉平の邸に招かれた。その席には北海道「函館船渠株式会社」の重役が同席していた。近藤は函館船渠が経営危機の状態にあることを説明し、その再建を龍吉に要請した。財界首脳の渋沢栄一も龍吉に支援を頼んだ。渋沢は、もし函館船渠が倒産した場合、北方海域の防衛に問題が生じ、国益に重大な影響がおよぶと説いた。渋沢は横浜船渠会社の設立に貢献した龍吉の手腕を高く評価していた。

北海道へ――函館ドックの再建

函館湾の一角にある函館船渠会社は、明治四（一八七一）年に創設され、北海道最大の造船所として大きい役割をになっていた。しかし日露戦争のあと、造船不況が会社を直撃し、業績が悪化する。

戦時中、国内の貨物船の多くが軍事用に徴発されたため、船会社は所有船が減り、戦後になっても輸送が停滞した。海運会社では、船腹不足を補うため持ち船を酷使する。海運業者に船を補修する余裕はなかった。造船所への修理や建造の注文は激減し、ドックは空の状態がつづいていた。

龍吉は函館船渠会社の状況を調べるため、函館へ渡る。彼はその旅に弟、川田豊吉をともなった。豊吉は東京大学工学部を卒業し、造船技術者として日本郵船に勤めていた。函館船渠で二人は財務や受注の状況、造船施設と機械設備、そして技術レベルなどについて調査した。龍吉は調査結果をまとめ、渋沢、近藤らに以下のような報告書を提出した。

「函館船渠は資本の欠乏とともに工場の設備、機械類が不十分であり、その改善に六〇万円の資金投入が必要である。同社は小型船舶の補修を嫌う傾向にあり、経営上この点を改めなければならない。受注見込みについては、海運業者は整備を必要とする船舶を多くかかえており、今後受注量は増えると見込まれる。」

渋沢栄一は龍吉を函館船渠の取締役に指名し、その再建を託した。取締役会で会社を代表する専務取締役に指名された龍吉は、借入金の借り替えを銀行と交渉し、新たに七〇万円の融資を受けることに成功する。さらに新株の募集によって優先株六〇万円を発行、函館船渠は危機を乗りきった。

明治三十九（一九〇六）年に函館船渠会社に着任した龍吉は、まず人事面を改革した。職制を整理し、事務、工務、経営の責任者を専務取締役の直轄とした。また社内や工場を点検して無駄をはぶき、横浜船渠から技術者をスカウト、技術力の強化をはかった。豊吉は取締役として龍吉の補佐にあたった。

間もなく、龍吉の予測どおりドック入りの船は増えはじめ、経営状態は好転する。外国船の補修も受注した。イギリス汽船「アイニレー」、ドイツ汽船「タイベリアス」、ロシア軍艦「ローマン」などの船名が記録に残されている。

川田豊吉

龍吉は一風変わった社長だった。ある日のこと、作業中の船台で年配の熟練工が、見かけない工員を目にした。熟練工は初めて見る工員に「おまえ、新入りだな」と声をかけた。すると「川田だよ、よろしく」という返事がかえってきた。熟練工はしばらくその工員をみつめていたが、やがて相手が新しく着任した社長だと知り、船台から転げ落ちんばかりに驚いたという。当時、造船現場にたつ社長というのは前代未聞だったが、龍吉にしてみればレンフリューでの体験があり、社長室に座っているよりも現場のほうが性に合っていた。

会社は順調に再建に向かっていた。ところが避けることのできない災難が、ようやく安定した会社の状況をくつがえす。明治四十（一九〇七）年、函館市に大火があり、市街一万二四〇〇戸の過半数が焼失した。火災は港にまでおよび、函館船渠の工場も一部が焼けた。その二年後、こんどは台風が渡島《おしま》地方を襲い、船台が破壊された。施設の復旧には多額の資金を必要とした。留保資金は底をつき、欠損をかかえて会社は経営破綻に追いこまれる。経営を維持するには資本金を減額し、優先株の特権を撤廃する以外に解決法はなかった。

明治四十四（一九一一）年、再建計画は株主総会に提案された。大口債権者や株主の抵抗によって総会は大荒れとなったが、結局、原案どおり計画は可決された。龍吉は責任をとって社長を退任し、後任には弟の豊吉が選ばれた。豊吉はその後二五年にわたって社長をつとめ、函館船渠を維持した。豊吉は龍吉について、

「兄はずいぶん変った人で、大勢の人が望んでおもむくような仕事よりも、他人が駄目だとして振り向かなくなったような仕事を好んでやってみようと、異常なまでの情熱を燃やす人だった。そして緊張するときの力がつよい人だから、不況のときや不遇のときでも、他人のやりかねるような極度の緊縮、節約を断行した」と述べている。

函館にも農場を

明治三十九（一九〇六）年に龍吉が函館へ渡り、ドックに近い船見《ふなみ》町に住むようになったあと、彼は函館市の郊外、七飯《ななえ》村に約九ヘクタールの農地を買い入れた。農業への執念は北海道へきても失せることはなかった。七飯村は函館からへ北一五キロ、農地は札幌に向かう街道沿いにあった。現在の国道五号線であるこの街道は、当時、札幌本道とよばれ松並木の美しい道だった。農地を手に入れた龍吉は、軽井沢で農場管理人だった安田久蔵を呼びよせ、土地の管理と運営をまかせる。安田は軽井

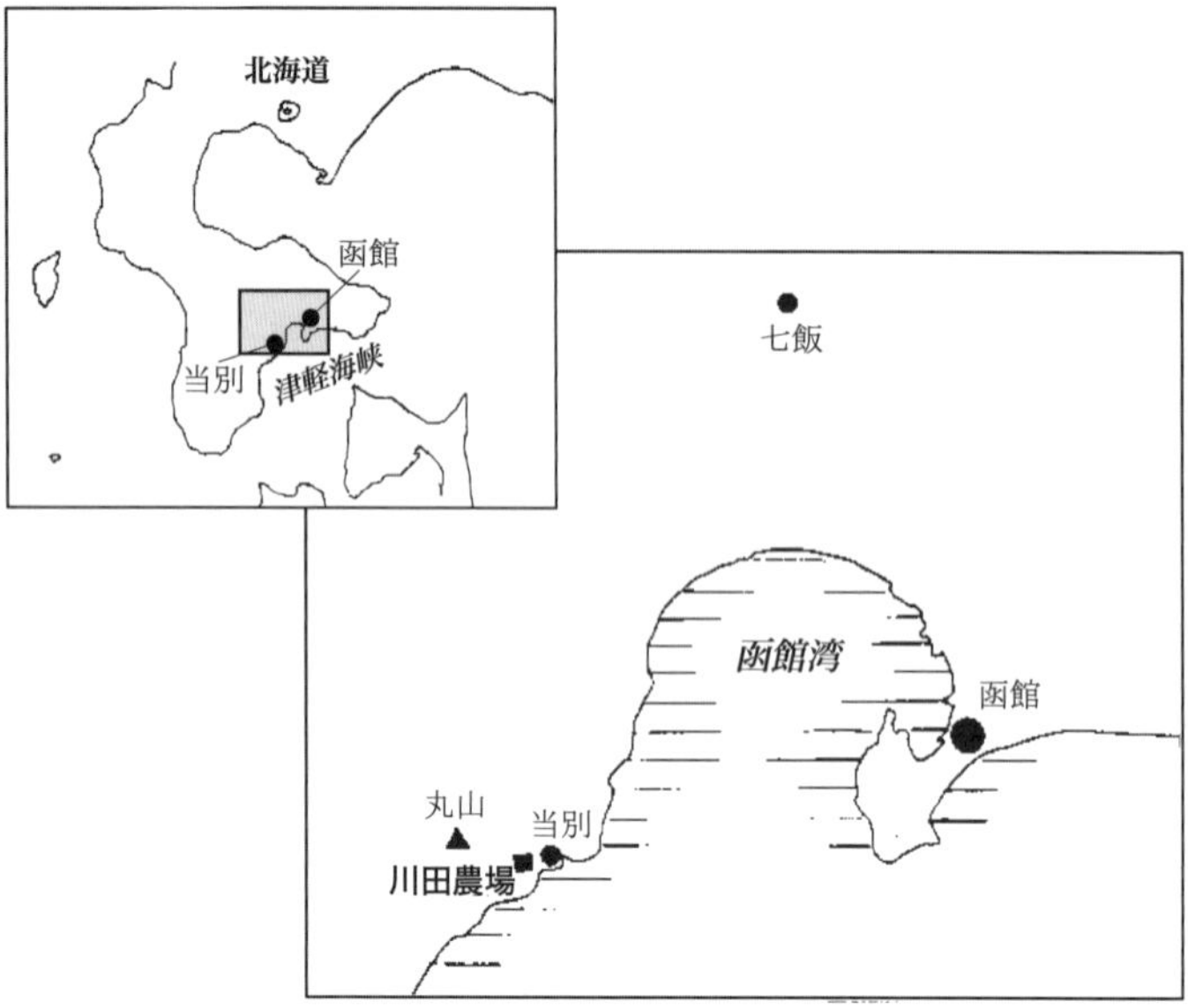

北海道南部

沢農場で使っていた農機具を七飯に運び、この地方で「出面《でめん》とり」とよばれる臨時雇いの農夫を雇って農地を耕した。龍吉は軽井沢と同じようにその畑へ西洋野菜の種を播いた。明治四十（一九〇七）年、最初の年の収穫はわずかだった。龍吉はこの年、アメリカやイギリスの種苗商にキャベツ、レタス、トウモロコシなどの種を注文する。種は翌年、明治四十一（一九〇八）年の春に函館へ到着した。

種がとどくと、龍吉は熱心に七飯へ通うようになった。会社の休日には、函館の自宅から農場までロコモビルに乗り、松並木の街道をやってきた。苗床づくりは彼が監督しなければならなかったし、西洋野菜の播種には彼の知識が必要だった。この地方の農夫は大根やナスの育て方はよく知っていたが、キャベツやレタスといった西洋野菜は見たこともなかった。

苗床に播いた種は約一週間後に発芽した。そして苗の生長を待って畑へ移植することになった。ところが畑の土は乾ききっていた。旱魃の年だった。日照りがつづくと苗は枯れてしまう。灌水用の水は不足していた。龍吉は農夫に小さな貯水池を掘らせ、湧き水を貯めた。数週間、日照りは続いたが、移植した苗は十分水を与えられ、農夫が初めて見る外来の作物は育っていった。

その夏、収穫したキャベツやレタスは函館の市場に出荷された。国際貿易港である函館には外国船の出入りが多く、西洋人はキャベツやレタスを争って買った。

いよいよジャガイモ栽培に着手

龍吉が海外へ注文した種の中には、何種類か、種ジャガイモが含まれていた。彼は北海道ではジャガイモが有望なのではないかと考えていた。というのは初めて函館の土をふんだとき、北海道の気候がスコットランドに似ているのに気づいたからだ。ジャガイモ栽培は昼夜の寒暖差が大きく、昼間の気温が摂氏一五度前後の地域が適している。北海道の気象条件はジャガイモの生育にぴったり合っていた。

スコットランドに留学していた頃から、龍吉はジャガイモに親しんでいた。夏から秋にかけてレンフリュー郊外でジャガイモの収穫風景をよく眺めたし、ジニーとカードロスを訪ねたときも白いジャガイモの花が畑一面に咲いていた。それに龍吉とジニーは、グラスゴーの街角で焼きポテトをよく食べた。寒い北風の吹く冬の夜、ポテトは二人の空腹を満たし、冷えた身体を暖めてくれた。龍吉は姪の川田三七子《みなこ》に宛てた手紙に、焼きポテトの思い出を綴っている。

「かつて私がグラスゴーに滞在していたとき、夜分のことであるが大きな車を引きながら、ホキーポキー、ホキーポキーというて売っていたから買うてみた。それがジャガイモの焼いたもので、車にカマを取りつけ、焼きながら売って歩いていたが、皮つきのままでもなかなかおいしかった。」

（昭和十年七月九日付）

ジャガイモが日本へ渡来したのは約四〇〇年前、慶長年間とみられる。オランダ船によってヨーロッパからバタビヤ（ジャカルタ）を経て、長崎へ輸入された。サツマイモが入ったのは元和六（一六二一）年だから、ジャガイモ伝来のほうがやや早い。渡来から八〇年後、天明・天保の凶作があり、ジャガイモはおおくの人命を救う。「お助けイモ」とよばれ、救荒作物として知られるようになったが、初期の品種は病害に弱く収量も低かったので、山間僻地をのぞいてあまり栽培されなかった。

北海道にジャガイモが伝わったのは、宝永年間（一七〇四～一一年）に本州から入ったとする説と、ロシア人がアイヌに伝えたとする説がある。アイヌのイモは辛味があったという。明治に入ると開拓使によって欧米から新しい品種のジャガイモが移入され、ムラサキイモ、マルイモなどの品種が試作された。

明治四十（一九〇七）年に龍吉が注文し、翌年一月、イギリスとアメリカからとどいた種イモは一一種類だった。彼はその品種名や価格を農事ノートに記している。

一九〇八年一月二十八日　英国レディング　サットン父子商会
種イモ　サットン・アーリー・リージェント　一包　価格一〇シリング
〃　サットン・フラワーボール　一包　〃
〃　早生ミックス　一包　〃
〃　晩生ミックス　一包　〃

一九〇八年二月十三日　米国ミシガン州ペトスキー　ダーリン&ビーハン商会
種イモ　アーリー・シックス・ウイークス　三ポンド　価格六五セント
〃　バーモント・ゴールド・コイン　三ポンド　六五セント
〃　アーリー・バード　三ポンド　七五セント
〃　アーリー・ペトスキー　三ポンド　七五セント
〃　レイト・ペトスキー　三ポンド　七五セント

初夏になり、ジャガイモを植付けるシーズンがやってきた。送られた種イモは品種ごとに分類され、区画した畑に植えられた。龍吉は品種名を記した小さな立て札を区画ごとに立てた。農事ノートには

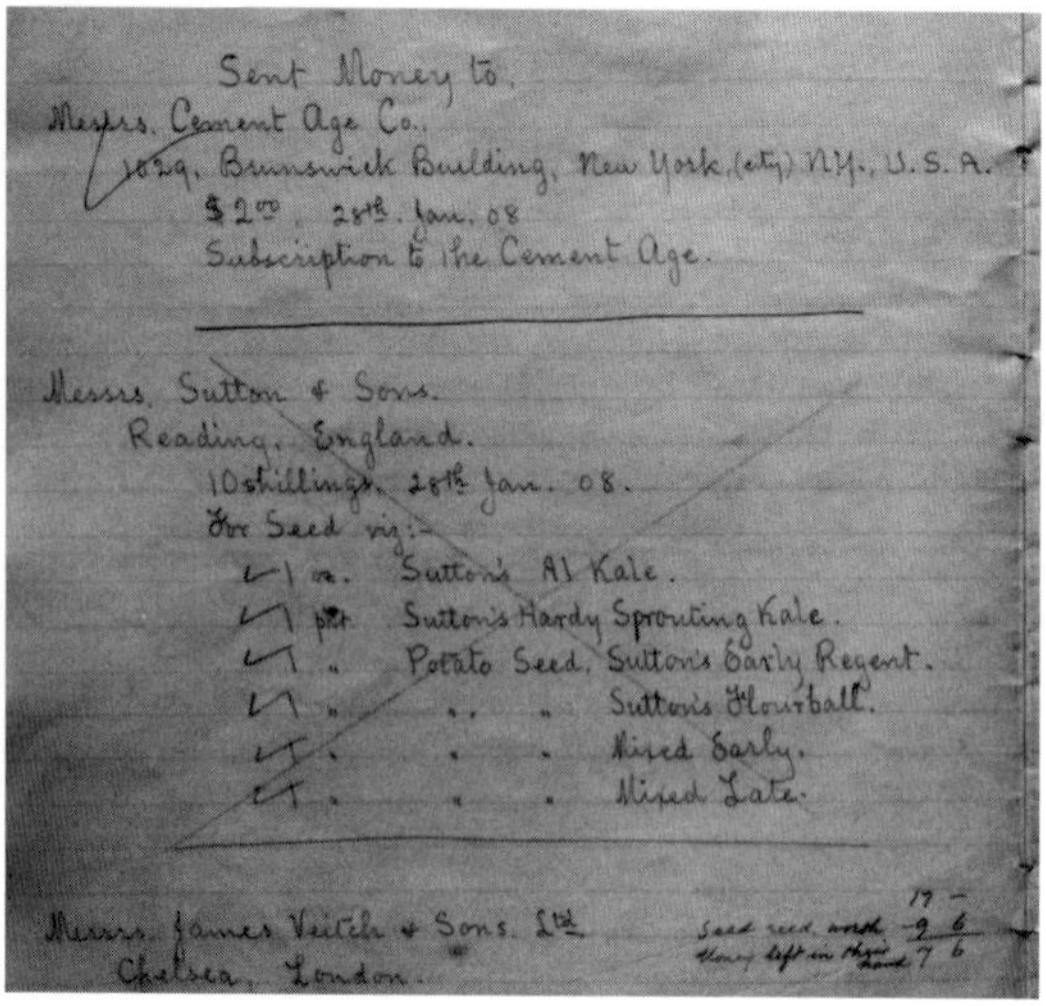

Sent Money to.
Messrs. Cement Age Co.,
1029. Brunswick Building, New York.(city) N.Y., U.S.A.
$2.00. 28th. Jan. 08
Subscription to the Cement Age.

Messrs. Sutton & Sons.
Reading. England.
10shillings. 28th Jan. 08.
For Seed viz:-
1 oz. Sutton's A1 Kale.
1 pkt. Sutton's Hardy Sprouting Kale.
1 " Potato Seed. Sutton's Early Regent.
1 " " " Sutton's Flourball.
1 " " " Mixed Early.
1 " " " Mixed Late.

Messrs. James Veitch & Sons. Ltd.
Chelsea. London.

龍吉自筆のメモ
（明治41年、英国サットン商会からの輸入分）

「五月六日播種、五月二十五日発芽を確認」とある。芽吹きは予定どおりだったが、この年は春から低温がつづき、新芽が遅霜の被害にあうおそれがあった。そこで新芽を冷害から守るため、龍吉は素焼きの植木鉢を大量に買いこむ。出面とりの農夫たちは彼の指示にしたがって、日没になると逆さにした鉢を苗にかぶせ、朝になって日が出ると鉢をとった。

「男爵いも」の誕生

六月半ば、天候は回復し、晴れの日がおおくなった。ジャガイモは順調に成長した。七月初めになると、畑に白い花が咲いた。ジャガイモは花をつけると成熟の時期に達したことを告げている。さわやかに晴れた初夏の日曜日。ジャガイモの花が開いたことを安田久蔵から知らされた龍吉は、畑の様子を見るためロコモビルに乗って農場へやってきた。畑一面に白い花がゆれていた。胸に喜びがこみあげた。二四年前、ジニーとカードロスを訪ねたときの風景が彼の脳裏をよぎった。

ふと、龍吉はある区画が異なった花をつけているのに気づいた。白い花ではなく、淡い紫色の花だった。ふしぎに思った彼はその株を引き抜いてみた。土の中から丸い大きいイモが鈴なりにくっついて現れた。白い花のほうも掘ってみたが、イモは小さく数もすくなかった。

〈この、淡い紫の花のジャガイモはじっくり試作してみよう。北海道の土に合ったイモかもしれない〉と彼は考えた。名札を確かめたところ「サットン・フラワーボール」。それに「アーリー・ペトスキー」とあった。

後に北海道農事試験場の技師が調べたところ、この二種類はいずれも「アイリッシュ・コブラー」（アイルランドの靴直し）とよばれ、世界的に有名な品種だとわかった。アイリッシュ・コブラーはさまざまな異名を持ち、その名は一五種類にもおよぶという。アイリッシュ・コブラーは龍吉の見込みどおり北海道の気候と土によく合い、大きく成長した。やがて、このジャガイモは「男爵薯《いも》」と名づけられ、七飯から北海道の各地へ、そして全国へと栽培の輪が広がり、日本人が好むジャガイモの一つになる。

「男爵薯」という名称は大正末、七飯農会の技師によって名づけられた。当時、アイリッシュ・コブラーは本州で白丸とか、石垣いもと呼ばれていたが、七飯農会では産地として、より適切なブランド名をつけるべきだという意見がおおく、七飯農会は七飯産のアイリッシュ・コブラーに「男爵薯」と命名した。農会の技師が龍吉に直接会って了解を求めたところ、「私がもってきたイモがこのように全国に普及するとは夢にも思わなかった。あのジャガイモを『男爵薯』と命名することに異議のあるはずはない。喜んで承諾しましょう」といったという。

現在、「男爵薯」は食用ジャガイモを代表する品種として全国で栽培され、とくに北海道では大きいシェアを占めている。農林水産情報センターによると、平成十二（二〇〇〇）年の日本のジャガイモ生産量は年間二九〇万トン。そのうち北海道産は二二六万トンに達し、全国一の収穫量をあげている。中でも「男爵薯」は五六万トンと食用ジャガイモのトップを占め、家庭やレストランの料理用、ポテトチップスなど加工食品用として人気がある。

北海道で新しい農場づくり

明治四十四（一九一一）年に函館船渠会社を退任した龍吉は、そのあと、農場を七飯から函館湾の対岸にある渡島当別へ移す。その二年前に彼は当別に山林原野一四〇〇町歩を入手していた。この土地は間もなく彼の重要な事業の拠点になる。龍吉はすでに五十六歳。残りの生涯を農業に賭けようと決心していた。

龍吉が初めて当別を訪ねたのは明治四十二（一九〇九）年だった。ゆるやかにうねった丘にひろがる原野を見たとき、彼はスコットランドを思いだした。さらに丸山の山麓に建つトラピスト修道院がヨーロッパを連想させた。七飯村は北海道が蝦夷とよばれた時代から開発がすすめられた地域なので、

「男爵いも」の収穫風景

村落の雰囲気はむしろ本州に近い。しかし当別の地には北海道の未開の自然が残されていた。

龍吉が初めてトラピスト修道院を訪れたころ、修道院の広い畑にはビートや野菜が豊かに実り、緑の牧草地では乳牛がのんびりと草を食んでいた。だが数々の農場づくりを体験した龍吉は、その肥沃な畑や牧場が想像もつかない過酷な労働によって拓かれた農地であるのを見てとった。

一〇年以上前、フランスから修道士たちが初めて当別へやって来て、新しい修道院を建てる敷地が選ばれたとき、辺りは原始林におおわれた岩だらけの山地だったが、彼らは荒地を切り拓き、山の斜面を崩して平地に変え、水路を引いて肥沃な耕地をつくった。龍吉は修道院創立の当時、修道士たちがおおくの困難に耐え、開拓を成し遂げた話をきいて感動し、当別の原野を買うことに決めた。雑木と熊笹が密生した荒地であり、並みの人間なら尻込みをする土地だったが、彼は逆に開拓をめざし闘志を燃やした。それまで龍吉の営農は専ら畑作物の栽培に向けられていたが、当別では山林や牧場の経営も視野に入れていた。酪農経営は龍吉にとって長年の夢でもあった。

大正元（一九一二）年、龍吉は出資者を募り「恒産組」と名づけた会社を立ちあげる、そして農場の管理人や労務者を雇い、新しい農場づくりにとりかかった。密集した雑木を切って根を起こし、土中の石をとり除く。石は、掘っても掘っても土の中から現れた。その一帯は村人が石倉野《いしぐらの》とよぶ岩石の多い荒地だった。それでも時とともに大地は姿を変えていった。最初、牧草地にクローバーやアルファルファの種が播かれ、畑にトウモロコシやジャガイモの種が植えられた。そして牧草が芽吹くころ、牛舎の建設がはじまった。農場の風景はしだいに龍吉がイメージするスコットランドに似てきた。

夏の間、龍吉は畑へ出て農作業に汗を流した。毎朝六時に起床し、オートミール、バタートースト、ベーコンエッグの朝食をとった後、野良着に着替えて畑へ出た。龍吉の野良着は彼自身がデザインした作業着で、上着はフランネルの袖なしシャツ、ズボンはカルサン（たっつけ袴）という独特のスタイルだった。その姿はロビンフッドを思わせた。どうやらこの野良着姿もスコットランド由来のものらしかった。

希望の星、二男吉雄の死――「川田農業試験場」

ヨーロッパでは第一次世界大戦が始まっていたが、北海道に戦争の影響はなく、龍吉は農業にひたすら没頭していた。そんなある日、待ちに待った電報が彼のもとに届く。オックスフォード大学に留学していた二男、吉雄《きちお》が大学を終え帰国するという知らせだった。龍吉は吉雄に未来を託そうと決めていた。彼に川田家を継がせて農場の経営を任せ、自分は野良仕事だけに没頭したかった。龍吉もすでに六十三歳に達していた。

大正七（一九一八）年に帰国した吉雄は、欧米スタイルの機械化酪農を試みる。アメリカからトラクター、モーア（草刈機）、ヘイレーキ（草かき機）、サイレージカッター（飼料作物カッター）などを輸入して、農作業の省力化をはかった。さらに牛舎設備の改善を計画し、機械化による給餌、給水、搾乳、糞尿処理の構想を練った。まだ北海道では、牧草の刈り取りに農夫が長いカマをふるっていた時代だった。川田牧場では四〇頭以上のホルスタインを飼育していたが、牧夫たちは牛の世話に一日一〇時間以上の労働を強いられた。吉雄は設備をととのえて彼らの労働時間を短縮しようとする。

川田吉雄

吉雄が帰国してから龍吉は見違えるほど明るくなり、エネルギッシュに働いた。当時の農作業暦には春仕事の日程がつぎのように記されている。四月、イチゴ苗の移植。五月、種イモの植付けとヨーロッパアカマツの苗の移植。六月、アスパラガスの種まきなど。畑ではアメリカから輸入されたトラクターが農夫たちの仕事を助けていた。村人は当別農場を「川田農業試験場」と呼んだ。

イギリスから吉雄が帰国して三年目、彼は高熱を発して倒れる。農場経営のストレスと肉体疲労が、吉雄の健康を蝕んでいた。やがて高熱が続くようになり、彼は病の床に臥す。結核だった。吉雄は鎌倉へ転地し、療養に専念したが病状は回復しなかった。発病から二年後の大正十二（一九二三）年に、吉雄は死去した。二十八歳の若さだった。吉雄の死は、はかり知れない打撃を龍吉にあたえた。彼は半ば虚脱状態となり、しばらくショックから立ち上がれなかった。吉雄は龍吉にとって理想の農業を実現してくれる希望の星だった。だが龍吉の夢は、はかなく消えた。

龍吉は農場の運営を五男の吉衛《きちえい》にゆだねる。当面の課題は、吉雄がつくろうとして果たせなかった新しい牛舎を完成させることにあった。牛舎建設は函館船渠会社の協力によって進められ、吉雄の死から二年後に完成した。この牛舎は当別に現存しているが、牛の健康を守るため採光に工夫がこらされ、床には木レンガを敷き詰めて牛のひずめを保護する配慮がなされている。また牛が鼻面で押すと自動的に水がでるウオーターカップや、堆肥を外へ運び出すためのレール懸垂式バケットなど、省力化をめざすさまざまなアイディアが図られている。

大正十四（一九二五）年、七十歳の年をむかえた龍吉は、男爵薯の先駆者として有名になり、男爵薯は優良品種に指定されて、七飯村には日本中から種イモの注文が殺到するようになった。恒産組も経営状態は安定していた。ジャガイモは年間約百俵（五・六トン）を出荷し、乳牛四〇頭の搾乳量は一ヵ月約一・八トン、約二三〇〇円の収入があった。その他、木炭や材木も販売した。

旧川田農場の牛舎
（現在の男爵資料館）

農場には一五人ばかりの村人が働いていた。彼らは龍吉を「殿様」と呼んで尊敬したが、龍吉と一緒に仕事をしたり、話しあうことはめったになかった。龍吉自身は村人たちと汗を流したかったのだが、村人は男爵を敬遠した。あるとき龍吉は、農作業に忙しく働いている出面とりのために茶を沸かし、彼らに振舞おうとした。しかしその茶を受けとる者はいなかった。村人からすれば、殿様の入れた茶など恐れおおくて飲むことができなかった。龍吉はしばらく黙って立っていたが、やがて「そうかい。誰も飲まんのかい」とつぶやくと、手にもっていたヤカンを放り投げた。唖然と立ちすくむ村人をのこして龍吉は無言のまま立ち去った。

龍吉の交遊関係はきわめて限られていた。ときどき彼は着物姿で函館の町へ出かけたが、訪ねる先は医者か薬局ぐらいだった。それでも彼が友人として親しくつきあった人物がいる。ドイツ人のカール・レイモンだった。レイモンはハムづくり職人で大正九（一九二〇）年に来日し、函館市元町にハム、ソーセージの店を開いていた。龍吉は時どきジャガイモを土産代わりにレイモンを訪ね、よもやま話に興じた。英語に日本語を交えながら、彼らの話題は北海道農業とドイツ農業の比較、酪農のあり方、肉牛や豚の肥育法など農業全般におよんだが、二人の考え方には共通点が多く、互いの意見はおおむね一致した。

最晩年の龍吉――狂気、乱暴、妻や子の死

龍吉は七十歳を過ぎても、相変わらず畑仕事に没頭していた。しかしこの頃からたびたび、かんしゃくを起こすようになり、時には激しく感情を噴出させた。いきなり大声を上げて相手かまわず怒鳴りつけるのである。農具の整理がわるい、土の篩《ふる》いわけがよくない、食べ残したトウモロコシを火にくべたといった些細なことが怒りの原因だった。そして困ったことに突然、農夫や使用人に解雇を言い渡した。感情が激したとき、彼は理性を失い自分を抑えることができなくなっていた。

しばしば彼の怒りは妻、春猪に向けられた。手伝いの女性を甘やかす、台所の棚が汚れている、紅茶の入れ方が悪いなどと言って彼女を叱責し、皿や茶碗を庭に放り投げた。ときには春猪を納屋へ閉じ込めたり、陽射しのつよい庭に立たせたりした。

毎年、吉雄の命日が近づくと決まったように龍吉は荒れた。激昂したあと、一転して沈黙の殻に閉じこもるのだった。農夫たちは龍吉を怖れ、ただ殿様殿様と奉るだけで接触を避けた。それまで夫婦一緒だった三度の食事も龍吉独りで食べるようになり、春猪は台所わきの小部屋にこもってひっそり

と食事をした。しだいに龍吉の周りから人が消えていった。牛舎の責任者だった青年も、龍吉と衝突し、牧場を辞めた。昭和十（一九三五）年秋、世話をする者がいなくなった乳牛を川田農場はすべて売却し、酪農を捨てた。

昭和十二（一九三七）年、日中戦争が勃発すると、農業も戦時体制のもとに政府の統制下におかれた。農産物は統制価格によって強制的に買い上げられ、自由な農業経営は過去のものとなった。この年の正月、龍吉はまた狂気を発し、乱暴をはたらいた。棚が汚れている、家事が行きとどいていないと叫び、正月の料理をすべて投げすてた。彼の日記に、その日の出来事が記されている。

「家事不取締に付、昨日大いに憤怒《ふんぬ》、台所の器物を始め食事場の器物や正月料理を全部。秘蔵の鉢植までメチャメチャにした。この事によって年賀の祝い事はゼロとなったので遅くまで寝床に就いていた。」（「川田龍吉日記」昭和十二年一月二日付）

龍吉の心の底には何がよどんでいたのか。最愛の息子を失った悔いだったのか。それとも戦争にむかってひた走る時代への閉塞感だったのだろうか。

昭和十六（一九四一）年、日本は太平洋戦争に突入した。かつて七年間住んだ第二の祖国イギリスとの戦争は、龍吉にとって大きいショックだった。彼は自室にこもり、レンフリューでの日曜日のようにひたすら読書に没入した。かつてグラスゴーで買い求めたディッケンズやドイルの小説を好んで読んだが、彼にとっては横文字であればどんな本でもよかった。英語の世界に没入していれば現実から逃れられた。

龍吉の苦悩は戦争に対する苦しみだけではなかった。戦争勃発と前後して家族の不幸が相次ぎ、彼を悲しませた。昭和十四（一九三九）年、長年連れ添った妻春猪が死去し、十九（一九四四）年には末娘の季子が三十九歳で病死した。そして戦後間もない昭和二十一（一九四六）年には五男吉衛が世を去った。

だが、龍吉は生きていた。吉衛の亡くなった年、龍吉は九十歳に達し、四男、吉也《きちや》夫妻の世話で当別の日々を過していた。すでに足腰が衰えて身のまわりのことは介護を必要としたが、農業への情熱は一向に衰えず、営農計画をたてて種苗会社へ豆や野菜のタネを注文したり、農業雑誌を取り寄せて熱心に読んでいた。天気のよい日は外へ出たいといい、杖にすがって家のまわりを歩いた。

農場は管理人や農夫によって維持されていた。戦後の食料不足を乗りきるため増産が奨励され、農場はジャガイモやマメの生産に忙しかった。夏が来て、ジャガイモの花の咲く季節になると、龍吉はカゴの用意を農夫に命じた。彼は農夫のかつぐカゴにゆられて畑へ行き、村人たちの働く姿や風にそよぐジャガイモの花を見て、うれしそうに微笑んでいたという。

8 ジニー追跡

現在のサンダーランド市フレデリック街
（左の白い建物がジニーの住んだ 39 番地）

ジニーはどうなったのだろうか？　一八八四（明治十七）年六月二十七日金曜日、龍吉はロンドンのロイヤル・アルバート・ドックから「横浜丸」に乗り、日本をめざす長い航海に出る。ジニーはその日、いつものようにフォーセット街の書店で働いていた。彼女は二十一歳、出身地のグラスゴーから遠く離れて、エルヴィンテラスの下宿に女主人のスティーブンソン夫人と暮らしている。彼女は暇があるとピアノを練習したり、日曜には教会へ、たぶん近くの聖マイケル教会へ出かけただろう。時おり、彼女はホームシックになったかもしれないが、サンダーランドの人々は親切だった。静かなひととき、彼女は龍吉に手紙を書こうか書くまいか迷ったことだろう。龍吉との約束どおり彼女は日本へ手紙を送ったが、返事は返ってこなかった。

一方、日本に帰った龍吉は父、小一郎によって三菱への義務を果たすよう強い圧力を受けていた。ジニーのほうもすでに選択の余地はなかった。過ぎ去った楽しい懐かしい日々を忘れて、彼女なりにサンダーランドでの新しい生活を築くより他に方法がなかった。

さて、調査をする上で龍吉とジニーの身上を較べてみると、龍吉の場合それほど著名な人物ではないにせよ、海外留学生として帰国後は彼なりに新国家建設に貢献し時代に寄与した。明治の男爵として横浜や函館で造船や農業に功績をあげた彼の経歴や生涯は、容易に知ることができる。それに対してジニーの場合、サンダーランドの書店の従業員というだけで、彼女の行方をつきとめ、消息を知るのはきわめて難しい。過去の人物を追跡するには探すための手がかりが必要となるが、彼女は歴史上の人物でも、事件に関係した人間でもなく、まして名家の出身ではないから家系図など無いだろう。

ペディグリー・ハンターとよばれる先祖探しの専門家でも、無名の女性の行方を突きとめるのは不可能にちかい。

しかしジニーの手紙を読み終えて二人の交流の経過を知った今、彼女がその後どう生きたのかを知りたくなる。明治日本とヴィクトリア期の英国という異なった文化的背景を背負った龍吉とジニーが、日常生活の場で互いにどう触れあい、異文化の壁を乗りこえて心を通わせたのか。彼らによって提供されたこの物語は、国際交流史のケーススタディとして取りあげる価値があるだろう。ジニーの物語は独自性に満ちている。それは、日英文化交流史が織りなす織物のなかに輝く特異な一本の糸として評価できるだろう。

ファミリー・レコード・センター

ジニー追跡の手がかりは、まず初めにイングランド東北部の都市ニューカッスルのタイン&ウエア文書館に求めた。文書館には一八九〇年のサンダーランド『地区住所録』が保存されており、当時サンダーランドに住んでいた住民の氏名、住所、職業、家族関係、同居人などが記録されている。ジニーがまだサンダーランドに住んでいたとすれば、彼女の個人情報が得られるはずだ。住所録にはジニーが勤めていたスミス書店の主人、ウィリアム・スミス、そして彼女の下宿先ジョージ・ギブソンが記載されていた。しかし、ジニーの名前は見いだせなかった。

次の段階は、ロンドンのファミリー・レコード・センターへ行くことだった。FRCともよばれるこのセンターには、一八三七年以来の市民登録制度による出生、結婚、死亡を記録したインデックスがあり、また一八四一年からイングランド、ウェールズ、マン島などで始められたセンサス（人口調査）の「センサス・リターンズ」（公式回答）が保存されている。これらは一般に公開されていて、外国人でも閲覧できる。

一八三七（天保八）年、イギリスではヴィクトリア女王が即位し、その世界的支配力によって大英帝国の絶頂期が始まる。イギリス政府は将来の発展のために住民の情報が不可欠であると考え、この年から市民登録制度を開始した。このころ工業が急速に成長して、数千キロの鉄道路線が敷かれ、地方から多くの労働者が新しい製造業地帯へ移動した。またリヴァプールやグラスゴーの港から、アメリカや植民地へ新しい生活を求めて移民する人々も多かった。

センサスは一八四一年以来、一〇年ごとに行なわれ、第二次世界大戦の混乱によって延期された一九四一年以外は実施されている。センサス・リターンズは、調査の年から一〇〇年後に公開される規則になっていて、最初の調査から一八九一年までの調査結果は閲覧できる。最近一九〇一年のセンサス・リターンズも公開され、インターネットによって国外からでも特定の個人情報を見つけだすことができるようになった。現代の情報化時代ではジニーのような人物でも見つけだせる可能性は十分ある。

ファミリー・レコード・センターはロンドンの北、ミドゥルトン通りにあり、バレエの上演で日本にも親しまれているサドラーズウェルズ劇場に近い。ＦＲＣは四階建ての建物で館内は図書館に似ていた。何百冊もの製本されたインデックスやマイクロフィルム、マイクロフィッシュの納められたキャビネット、そしてスティール棚には無数のＣＤ－ＲＯＭが並んでいる。閲覧室は来館者であふれていた。先祖探しにやってきた子孫たち、系図を研究しているジネオロジスト。おおぜいの人々がインデックスを探したり、コンピューター画面やプロジェクターに見入っていた。

ジニーの検索は一八九一年のセンサス・リターンズから始めることにする。彼女がグラスゴーで龍吉と最後に会ったときから七年後の年だ。この頃、龍吉は日本郵船の機関監督助役として横浜船渠を立ちあげる準備にとりかかっていた。ジニーのほうは二十七歳、まだエルヴィンテラス一一番地に下宿していたのだろうか。サンダーランド地域の住所録に記載はなかったが、念のためセンサス・リターンズで確認することにした。その結果、エルヴィンテラス一一番地の住人はジョージ・ギブソン、ビール小売商とあり、彼は娘アリスと住んでいた。ジニーの名前は見出せなかった。たぶん彼女はサンダーランド市街の新しい住所に移ったのに違いない。というのは、ジニーは龍吉への手紙の中で、いずれグラスゴーから母エリザベスを呼び寄せたいと書いていた。母と同居となれば、ジニー親子が住む家はエルヴィンテラスではないだろう。

だが、住所不明でジニーの引越し先を探すことは容易ではない。この頃サンダーランドの人口は一〇万人に達していた。ジェーン・イーディーという名前はありふれた姓名であり、名前だけで探すとなると数千ページにおよぶインデックスをページごとに確かめなければならない。それに彼女がすでに結婚していた場合、姓が変わっている。

また、彼女がグラスゴーの母のもとへ帰ってしまった可能性も考えられた。スコットランドのセンサス・リターンズはエディンバラの登記所に保管されているが、情報の一部はCD―ROMにコピーされ、ロンドンのFRCでも閲覧できる。スコットランド、ローランド地方の一八九一年センサス・リターンズを調べたが、ジニーの名前は見当たらなかった。

ジニーの結婚

もし彼女が結婚していたとしたら、どこかに「結婚証明書」があるに違いない。龍吉が日本に帰ったころ、ジニーは結婚適齢期だったから、彼女の結婚は十分あり得た。一八八四年と一八八五年の「結婚インデックス」を調べたが、彼女の名前は出てこなかった。だが、その翌年一八八六年六月、四半期の記録を調べたとき、ジニーの名前が見つかった。彼女はサンダーランドに住んでいた。インデックスにはつぎのように記されていた。

「第一〇巻A　七〇一ページ　サンダーランド地区教区　イーディー・ジェーン　一八八六年六月」。

結婚証明書はマイクロフィルムにコピーされ、詳細はその画面が解き明かしてくれる。

マイクロフィルムの記録には、「ジェーン・イーディー（二十三歳）は一八八六年六月十一日ダラム県ビショップ・ウエアマウス、聖ピーターズ教会において服地商人アレクサンダー・スコットと結婚式を挙げた」とあり、アレクサンダーの住所は「フレデリック街三九番地、ジニーの住所はブランフォード街。新郎の父は農民。花嫁の父ジョン・イーディー（死去）は絹毛織物の製造業者」と書かれていた。

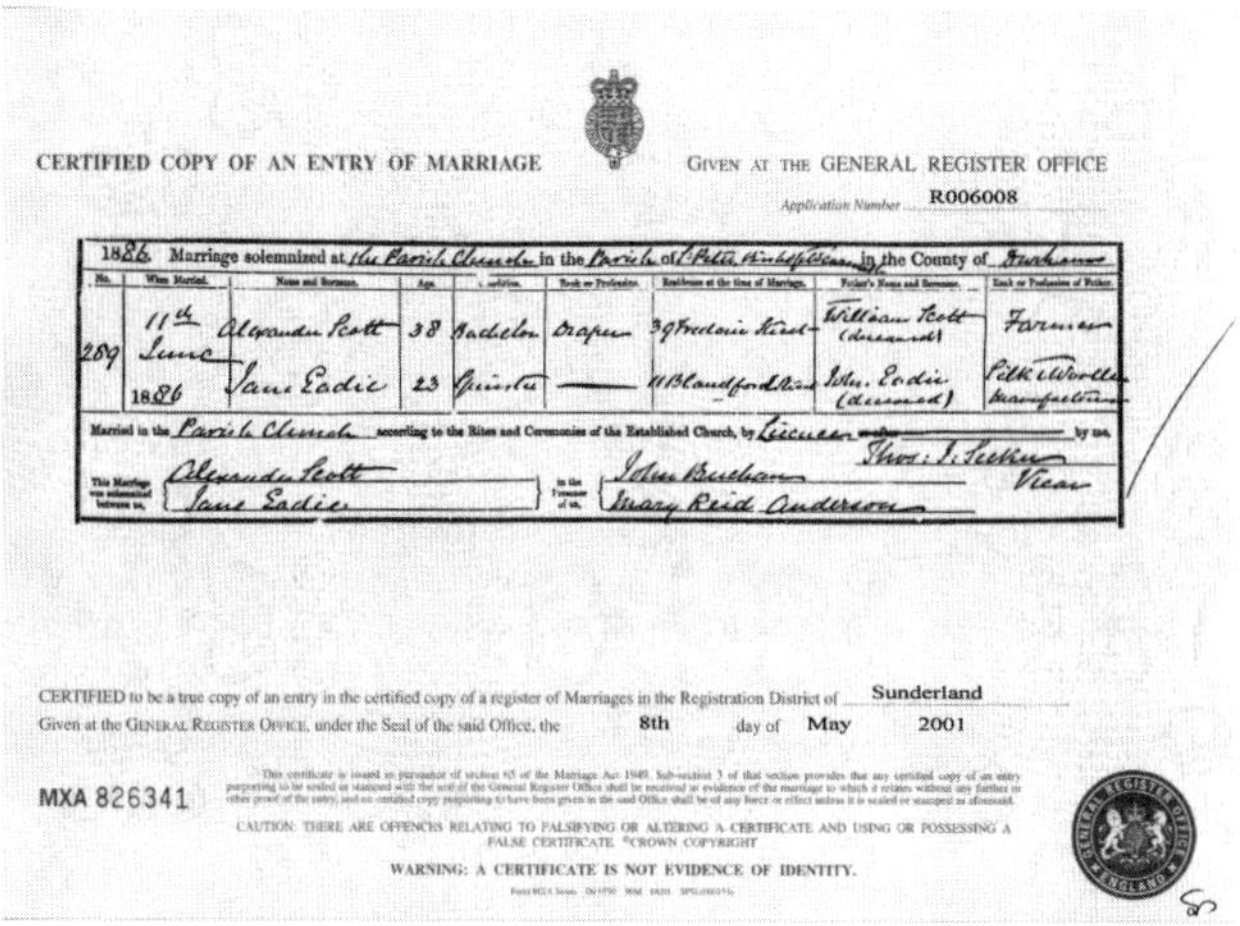
CERTIFIED COPY OF AN ENTRY OF MARRIAGE

GIVEN AT THE GENERAL REGISTER OFFICE

Application Number R006008

1886 Marriage solemnized at the Parish Church in the Parish of St Peter Bishopwearmouth in the County of Durham

No.	When Married.	Name and Surname.	Age.	Condition.	Rank or Profession.	Residence at the time of Marriage.	Father's Name and Surname.	Rank or Profession of Father.
289	11th June 1886	Alexander Scott	38	Bachelor	Draper	39 Frederick Street	William Scott (deceased)	Farmer
		Jane Eadie	23	Spinster	—	11 Blandford Street	John Eadie (deceased)	Silk Weaver manufacturer

Married in the Parish Church according to the Rites and Ceremonies of the Established Church, by License by me,

Thos: T. Seeker Vicar

This Marriage was solemnized between us, Alexander Scott, Jane Eadie

in the Presence of us, John Buchan, Mary Reid Anderson

CERTIFIED to be a true copy of an entry in the certified copy of a register of Marriages in the Registration District of Sunderland

Given at the GENERAL REGISTER OFFICE, under the Seal of the said Office, the 8th day of May 2001

MXA 826341

CAUTION: THERE ARE OFFENCES RELATING TO FALSIFYING OR ALTERING A CERTIFICATE AND USING OR POSSESSING A FALSE CERTIFICATE. ©CROWN COPYRIGHT

WARNING: A CERTIFICATE IS NOT EVIDENCE OF IDENTITY.

ジェーン・イーディーとアレクサンダー・スコットの結婚証明書
（1886年）

だがこの記録にはいくつかの誤りが見られる。ジニーはこのとき二十二歳を越えたばかりだった。また、聖ピーターズ教会はビショップ・ウエアマウスではなく、ウエア川の北、モンク・ウエアマウスにある。新郎新婦はウエア川の南に住んでいたから、彼らの教区はビショップ・ウエアマウスであり、挙式は同地区にある聖マイケル教会、あるいは、聖トーマス教会でなければならない。

イギリス国教会の規定によると、教区外での結婚式はごくまれな例外を除いて許されていない。しかし、その後調査を続けたところ、この時代、もう一つの聖ピーターズ教会がジニーとアレクサンダーの住んでいたビショップ・ウエアマウスにあったことがわかった。この教会は一八七二年から八〇年ちかく存続していたが、一九四九年に閉鎖された。現在、その跡地はマークス・アンド・スペンサーズのスーパーマーケットになっている。

一八八六年、彼らはビショップ・ウェアマウスの聖ピーターズ教会で結婚した。ジニーの夫、アレクサンダーは彼女より十六歳年上の三十八歳であり、互いに異なった世代だったが、この年齢差はとくにまれなことではない。龍吉もまた彼女より八歳年上だった。

一方、龍吉はジニーがアレクサンダーと結婚した一八八六年六月、一〇ヵ月におよんだ「薩摩丸」の航海から下船し、日本郵船横浜鉄工所の機械士に復帰している。そしてその翌年、彼もまた十四歳離れた春猪と結婚式を挙げている。

ジニーはエルヴィンテラスの下宿を出たあと、どうしたのだろうか。彼女はまずブランドフォード街に引っ越した。駅の西側にあるブランドフォード街は現在、サンダーランドのショッピング街として賑わっている。彼女はこの街の通りに面した二階建ての建物に住んでいた。いまは一階がジーンズショップ、二階はオフィスになっている。

なぜ彼女はアレクサンダーに惹かれたのだろうか、その理由は彼がスコットランド人だったからだろう。結婚証明書によれば彼の父は農民だった。彼がどこで生まれたのかは明らかではないが、一八九一年センサス・リターンズにはジニーもアレクサンダーも生まれはスコットランドであると記されている。

アレクサンダーは、龍吉を失って孤独だったジニーに伴侶として迎えられた。サンダーランドは彼女にとって、いわば外国だった。イングランドに住むスコットランド人の仲間として、二人は共通の安らぎを見いだした。彼女はサンダーランドを嫌ってはいなかったが、時どき生まれ故郷を想い出し

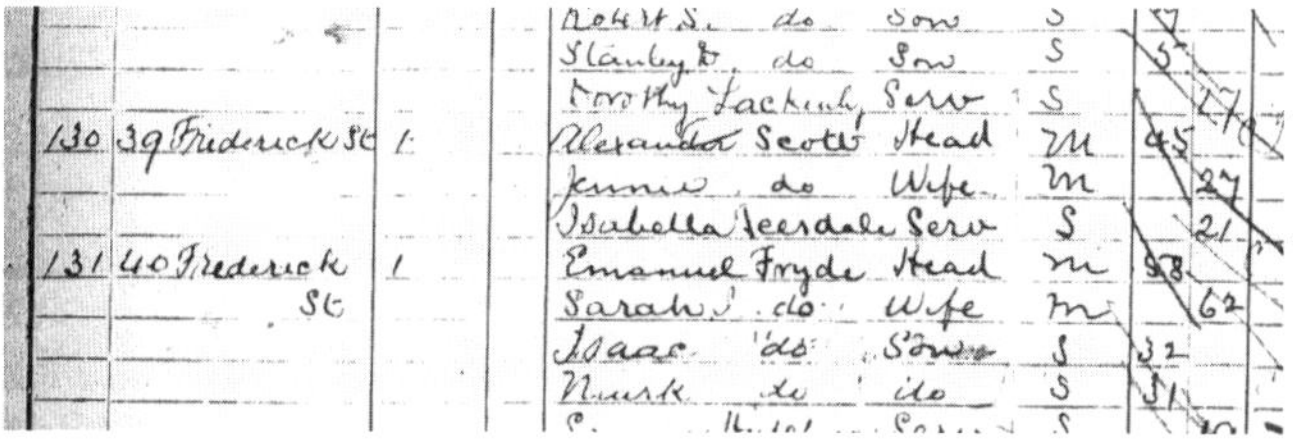

			Stanley D.	do	Son	S	5
			Dorothy Lackie	Serv	S		27
130	39 Frederick St	1	Alexander Scott	Head	M	45	
			Jennie do	Wife	M		27
			Isabella Teesdale	Serv	S		21
131	40 Frederick St	1	Emanuel Fryde	Head	M	58	
			Sarah J. do	Wife	M		62
			Isaac do	Son	S	32	
			Mark do	do	S	31	

1891年のフレデリック街39番地の住人を示すセンサス・リターンズ
（上から、アレクサンダー、ジニー、イザベラの名前が記されている）

寂しくなることがあった。かつて彼女は龍吉にこう語っている。「ここはとても気に入っていますが、グラスゴーの半分も好きになれません。時々、落ちこんでホームシックになったりします。」（一八八四年二月十七日付）

熱心なクリスチャンであるジニーにとって、彼女の長く親しんだスコットランド教会とイギリス国教会との間には微妙な差異があった。またイングランド北東部の生活習慣に合わせることにも苦労を強いられただろう。折に触れ、アレクサンダーのようなスコットランド仲間と話す機会が彼女にとって楽しみだったに違いない。もし、彼女が日本へ行っていたとしたら、果たして日本で暮らしてゆけただろうか。

一八九一年センサス・リターンズから結婚五年後の彼らの生活が推測できる。二人は、フレデリック街三九番地の家にイザベラという二十一歳の家事手伝いと住んでいた。しかし母、エリザベスはその家にいなかった。彼女はすでに死亡していたか、あるいはグラスゴーに暮らしていたのかもしれない。ジニーとアレクサンダーの間に子供はいなかった。もし生まれていたとしてもセンサスが実施される前に死亡したのかもしれない。当時、乳児の死亡はよくあることだった。「出生インデックス」を調べれば出生の有無は確かめられるが、サンダーランド地区のリストには数千のスコット姓があり、ジニーとアレクサンダーを導きだせるスコットは見いだせなかった。

彼らの住居は駅に近い町の中心地区にあり、周辺の環境にも恵まれていた。センサスによるとアレクサンダーの職業はトラベリング・ドレーパー、つまり服地の行商人とある。彼の織物ビジネスは繁盛していたらしい。サンダーランドの商人の名簿『ケリーズ・ディレクトリー』には彼の名前が記載されている。ジニーは時おり夫の仕事を手助けしただろう。というのは彼女の両親はかつてグラスゴーの織物工場で働いていたから、彼女にも織物の知識はあった。

アレクサンダーは商売で家を空けることが多かった。結婚後、ジニーはスミスの書店を辞め、家で静かに暮らしていただろう。イザベラに助けられて家事をこなし、時には夫の仕事を手伝った。会計帳簿を付けたあと、教会へ出かけ奉仕活動に生きがいを見いだしていたかもしれない。

彼らが住んでいたフレデリック街三九番地の住居は現存している。その家は、街路に面してジョージアン形式独特のよろい窓にかざられたテラスハウスが建ちならぶ高級住宅街にあり、この通りの東には、かつてジニーが働いていた書店のあるフォーセット街が位置している。駅に近いので今は事務所として使われている住宅が多く、ジニーとアレクサンダーの住んでいた建物は現在、ミル・テックというコンピューターソフト会社のオフィスになっていた。

アレクサンダーの死

龍吉が横浜で新しい仕事にとりかかった一八九一年当時、ジニーとアレクサンダーはこのようにサンダーランドに暮らしていた。だが、その後二人はどうなったのだろうか。この頃龍吉は結婚して四年を過ぎ、すでに二人の子供がいた。船に乗り組んだり、造船に関わった龍吉の動静は社史などから容易に追跡できるが、ジニーとアレクサンダーの消息は一八九一年センサス以後、ふたたび闇に消えている。二人のフレデリック街での生活の後を追うには、何を探ればよいのだろう。

この時期、それを調査するため重要なヒントとなるのはファミリー・レコード・センターの「死亡インデックス」だった。というのは彼女自身、事故、病気等によって、いつ死んでもおかしくはないし、彼女の夫アレクサンダーもそう若くはない。一八九一年センサスの年、彼はすでに四十五歳に達していた。

死亡インデックスを調べたが、九一年の死亡インデックスに彼らの名前はなかった。九二年も、その数年後のインデックスにも出てこなかった。しかし一八九六年の死亡インデックスを調べたところ、三月十三日にアレクサンダーが四十九歳で死んだと記されていた。

ジニーの夫、アレクサンダーは二人の一〇年目の結婚記念日を前にして死亡した。アレクサンダーは資産家だったから、死後の遺産を相続する取り決めは当然あっただろう。遺言状や財産処分の誓約書は、イングランド北東部の都市ヨークの遺言検認登録所に一八五八年以来の書状が保管されている。そのインデックスはロンドンのファミリー・レコード・センターにも保存されており、閲覧することができた。アレクサンダーは遺言状を遺していた。だが、その内容は、遺言検認登録所でないと確かめられない。遺言状を読めば、彼が後に遺した家族のことや子供の有無が分かるはずだ。ヨークの登録所に連絡したところ、謄本は郵送できるとのことだったので、すぐ謄本を請求し郵送を依頼した。遺言状は以下のような内容だった。

「これはダラム州サンダーランド、フレデリック街三九番地、服地商アレクサンダー・スコットの遺言状であり、財産処分の遺言である。私は以下に定めたように遺贈、葬儀、および遺贈に優先させる遺言により指定した費用の支払いを命じる。私は動産を遺贈する贈与条項を言い渡し、すべての私的な土地、動産、および私のすべての不動産に財産所有権を宣告する。そして、いかなる場合でも私の愛する妻、ジニー・スコット個人に無条件に財産権と行使権を与える。私は、私が信頼し公正である妻ジニーを抵当権の受託者とし、私に帰属するすべての財産を遺贈する。それぞれに対しても同様に指示する。そして私はこの遺言状によって、これまで私が作成した他の遺言はすべて無効とする。遺言執行人として妻ジニーを指名し、この最後の遺言を保持することを言い渡す。上記の証拠として私はこの遺言状を自筆で作成し、署名する。

一八九四年六月二十二日

アレックス・スコット」

遺言状から新しい情報は見いだせなかった。子供については一言も触れていないし、所有する資産はすべてジニーに遺している。結局、彼らに子供はいなかった。しかし、ここで重要だと思われるのは、彼は八年目の結婚記念日の直後に遺産相続に関する遺言を作成していたことだ。その理由は何だっ

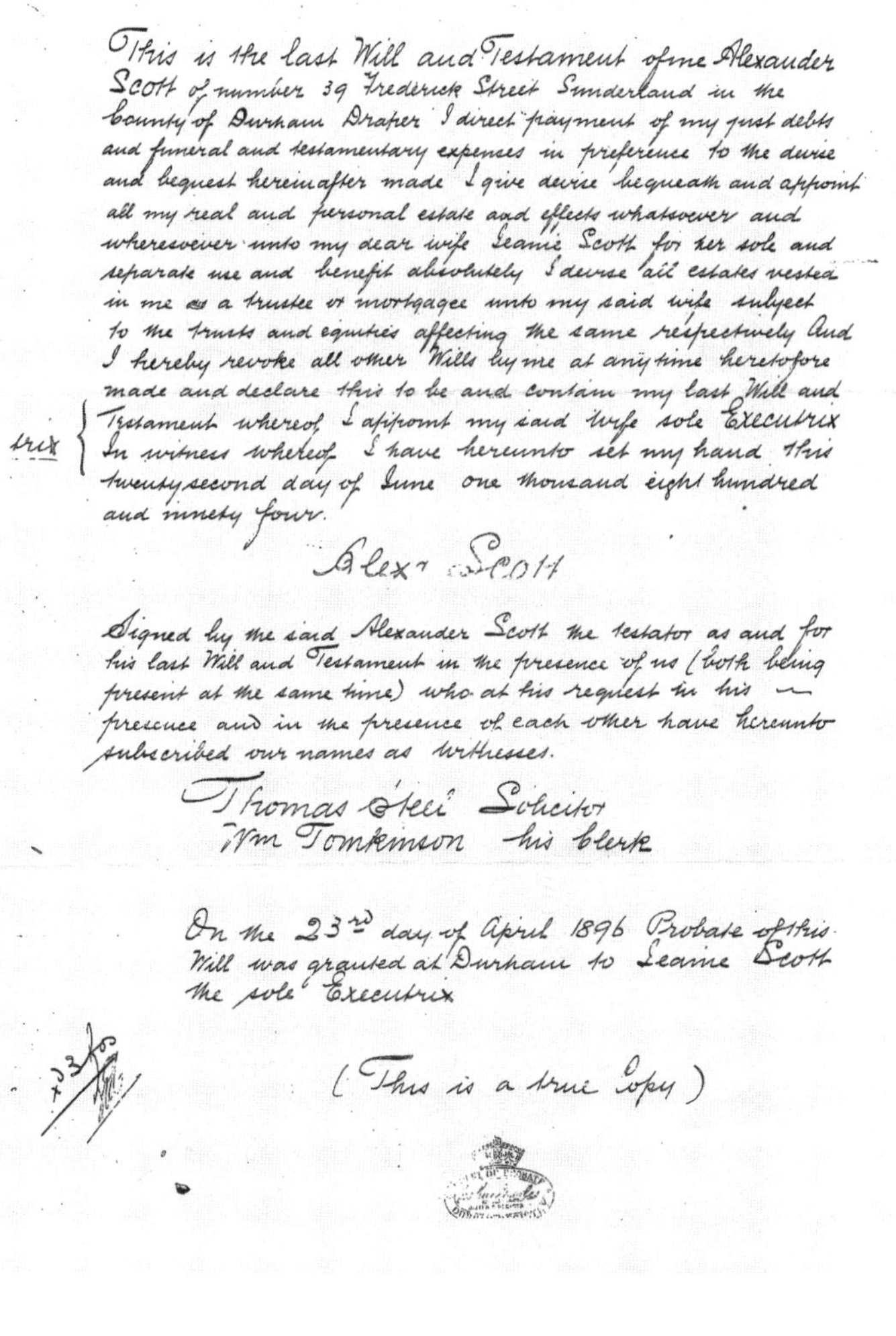
This is the last Will and Testament of me Alexander
Scott of number 39 Frederick Street Sunderland in the
County of Durham Draper I direct payment of my just debts
and funeral and testamentary expenses in preference to the devise
and bequest hereinafter made I give devise bequeath and appoint
all my real and personal estate and effects whatsoever and
wheresoever unto my dear wife Jeanie Scott for her sole and
separate use and benefit absolutely I devise all estates vested
in me as a trustee or mortgagee unto my said wife subject
to the trusts and equities affecting the same respectively And
I hereby revoke all other Wills by me at any time heretofore
made and declare this to be and contain my last Will and
trix Testament whereof I appoint my said Wife sole Executrix
In witness whereof I have hereunto set my hand this
twenty second day of June one thousand eight hundred
and ninety four.

Alexr Scott

Signed by the said Alexander Scott the testator as and for
his last Will and Testament in the presence of us (both being
present at the same time) who at his request in his
presence and in the presence of each other have hereunto
subscribed our names as Witnesses.

Thomas Steel Solicitor
Wm Tomkinson his clerk

On the 23rd day of April 1896 Probate of this
Will was granted at Durham to Jeanie Scott
the sole Executrix

(This is a true Copy)

アレクサンダー・スコットの遺言状
（1894 年 6 月）

たのだろう。彼は病気だったのか、それとも他に事情があったのか。遺言状は一八九四年六月、彼が亡くなる二年前に書かれている。死亡の原因は明らかではないが、フレデリック街の自宅で彼は亡くなっており、この時すでに病気だった可能性がある。書類は他にも、彼が死亡した翌月の四月二十三日、サンダーランドのスティール＆メイトランド弁護士事務所が発行した遺産相続の告知状があり、未亡人ジニー・スコットが相続する遺産額がつぎのように示されていた。

「遺言執行人の相続財産　見積り額＝一七一五ポンド一九シリング一〇ペンス　正味金額＝一四一七ポンド二シリング六ペンス」。ジニーは夫の死によってかなりの遺産を手にし、資産家の未亡人となった。

アレクサンダーの死亡は地方新聞の『サンダーランド・エコー』にも掲載されていた。「一八九六年三月、服地商人アレクサンダー・スコットが死去した。そしてビショップ・ウエアマウス墓地に埋葬された」。短い告知記事だが、この情報はきわめて重要だ。記事には彼が埋葬された場所が示されている。墓地へ行けば家族の詳細がわかるかもしれない。ジニーも葬られている可能性がある。

埋葬記録

ビショップ・ウエアマウス墓地はサンダーランドの中心から西へ三キロ。チェスター通りに沿って広がる三・五ヘクタールの大きい墓地だった。墓地管理事務所には埋葬者の詳細を記した『埋葬簿』が保管されていた。埋葬簿には埋葬者の氏名、年齢、埋葬日、立会いの牧師、そして墓所の番号などが記録されている。アレクサンダー・スコットは一八九六年のページに明記されていた。「アレクサンダー・スコット四十九歳、埋葬日三月十七日、葬儀は聖マイケル教区教会のR・S・ファイフ牧師により執行され、一五区CC一五七一区画に埋葬された」とある。さらに埋葬簿から、アレクサンダーのほかにもう一人の名を見いだした。エリザベスの名だった。「一八九四年九月二十日、死去、享年六十七」とあり、彼女はアレクサンダーの死の二年前に亡くなっていた。

ジニーの母は結局、スコットランドからサンダーランドへ来ていた。死の直前まで彼女はグラスゴーに暮らしていたのか。それともたまたま娘に会うためサンダーランドを訪問したとき病状が悪化し、亡くなったのだろうか。あるいは彼女の健康がすでに害われていたことを考えると、彼女は娘の世話になるためにサンダーランドへ移ったとも推測できる。ジニーが一八八〇年代にエルヴィンテラスの下宿を出てブランドフォード街の新しい住宅に移ったとき、母をグラスゴーからサンダーランドへ呼びよせたのかもしれない。ジニーはその考えを一八八四年に龍吉への手紙で書いているから十分あり得ただろう。しかしエリザベスは一八九一年センサスにフレデリック街三九番地の住人として現れない。とすれば、やはり死の間際までグラスゴーに留まっていたのだろうか。

埋葬簿の記録の中に興味をそそる個所があった。その墓は二人用の墓であり、エリザベスとアレクサンダーは共に埋葬されているとある。エリザベスは地表から七フィート下、アレクサンダーは五フィート下に埋められていた。埋葬規定によれば、この墓に三人を埋めることはできない。もし、三人を埋葬する場合は最初の遺体を九フィート下、二人目を七フィート下に埋葬し、三人目は五フィー

エリザベスとアレクサンダーの墓
（ビショップウエアマウス墓地）

ト下の位置に埋めることになっている。それ故、この墓は最初からエリザベスとアレクサンダーのために準備され、ジニーが入るスペースは用意されていなかった。この計画は一八九四年にエリザベスが死去したときか、そのすこし前にアレクサンダーが考えて、墓所を買い入れたのだろう。そのころ死の問題はアレクサンダー自身にもせまっていた。彼が遺言を書いた三ヵ月後にエリザベスは死去している。二人目のスペースがアレクサンダー自身のものだったのは間違いない。というのはエリザベスが死去した年、彼は作成した遺言状に彼のすべての資産をジニーに残すと書いている。アレクサンダーがジニーのためのスペースを用意しなかったのは、二人の間に何らかの同意があったためだろう。例えば彼女は母と夫を葬った後、彼女自身はどこか別の地に身を置くつもりだったのかもしれない。

墓地管理事務所からエリザベスとアレクサンダーの墓まではかなり距離があり、目的の墓所へたどり着くまでに途中、数百の墓を通り過ぎなければならなかった。彼らが横たわっている墓は、二重の台座の上に一メートルばかりの石の十字架が立っていたが、十字架は台座から少しずれていた。石の表面は白く風化し、一見して長い間手入れがおこなわれていないことが見てとれた。礎石の基部に「愛の追憶のために」と刻まれ、被埋葬者二人の氏名、年齢、死亡日が記されていた。しかしそれ以外に文字はなく、ジニー追跡の手がかりは見いだせなかった。

霧の中に消えたジニー

なぜアレクサンダーは三人の墓にしなかったのだろう。なぜジニーをこの墓に埋葬することにしなかったのか。彼が死の二年前に遺言を書いたとき、ジニーはまだ三十歳だった。だから彼はジニーの再婚の可能性を計算に入れていたのかもしれない。彼が死去したとき彼女は三十二歳になったばかりだから、十分再婚できる若さだった。

この点について調べるにはサンダーランドの『居住者名簿』が手がかりになる。つまり、夫の死後すぐにフレデリック街三九番地の家を引っ越していれば、そのことが名簿に示されているだろう。この名簿は年報形式で、その年に住んでいた居住者の氏名と住所が明記されている。一八九七—八年の名簿には「フレデリック街三九番地、ジェーン・スコット夫人」と記され、ジニーはまだ元のところにいた。しかし、これが居住者名簿に記録された彼女の名前の最後だった。次の年からジェーン・スコットの名は消えていた。彼女はサンダーランド地方のどこかに引っ越したのかもしれない。名簿に彼女とよく似た名前は出てきた。ハイストリートトウエスト二五六番地、服地商ミス・ジェーン・スコット。ハイストリートトウエスト二五七番地、スコット商会。ハイストリートトウエスト、服地商ジェームズ・スコットなどだったが、いずれもジニー本人ではなかった。

こうなると、残された手段は『選挙人名簿』に当たってみるしかない。選挙人名簿はサンダーランド市図書館にあり、地方登記所や教区教会の記録も保存されている。もし、彼女が選挙のおこなわれた年にサンダーランドに住んでいれば彼女の名が現れるはずだ。図書館で選挙人名簿を調べたところ、多くのジェーンが見つかった。しかし、ジェーン・スコット未亡人の名はアレクサンダーが死去した一八九六年から六年後の一九〇一年までの名簿を探しても出てこなかった。このことはアレクサンダーの死後、間もなくサンダーランドの近辺で再婚した可能性を示していた。となれば彼女の姓は変わっており、ジェーン・スコットの消失は説明できる。そこで次に、再婚の線に的を絞った。サンダーランドの登記所の記録、さらにファミリー・レコード・センターの「結婚インデックス」でジェーン・スコットが再婚していないか調べたが、彼女の再婚を示す記録は現れなかった。最近、公開された一九〇一年センサス・リターンズでは、一八九八年三月に結婚したジェーン・スコットがそれまでの中で最も近い発見だったが、これもフレデリック街のジェーン・スコットではなかった。

もしジニーがサンダーランド近辺で再婚した場合、彼女がアレクサンダーと結婚した聖ピーターズ教会か、フレデリック街の家に近い聖マイケル教会、あるいは聖トーマス教会に記録が残されていなければならない。聖ピーターズ教会の記録は一八九六年と一八九七年の分が失われていたが、それ以外の記録を調べてもジェーン・スコットが再婚した痕跡は見いだせなかった。他の二つの教区教会も同様だった。彼女が教区外の教会で結婚したとも思えるが、スコットランド教会への彼女の献身ぶりから考えて、それはあり得ないことだった。

ジニーはどこへ行ったのか？　彼女は夫の死後、数年後に若くして死去したのだろうか。教区教会の「死亡登録」にはアレクサンダーは聖マイケル教会の牧師により葬儀が執り行われたと、はっきりと記載されていた。その死亡登録には二人のジェーン・スコットの名があった。一人は一九〇一年に十九歳で死んだジェーン・スコット、もう一人のほうは一九〇四年に六十一歳で亡くなったジェーン・スコット。しかし、どちらのジェーンもジニーではなかった。

ジニーはサンダーランドで未亡人生活を送らなかった、そして再婚もしなかったようにみえる。もし彼女が生きていれば、この地方からどこか別のところへ転居したのだろう。だが最新の一九〇一年センサス・リターンズで探しても、イングランドとウェールズの記録には一八六八年グラスゴー生まれのジェーン・スコットは記載されていなかった。だとすれば彼女は生まれ故郷のスコットランドへ帰ったのかもしれない。グラスゴーにあるストラスクライド州ジネオロジーセンターへ問い合わせた。しかし、期待した答は得られなかった。その回答は「ストラスクライド州において一八九六年から一九五五年まで、ジニーが結婚した形跡は認められません。また彼女が死亡した形跡も認められません。登録官クレイグ・ウオーリー」というものだった。

どこを探してもジニーは現れなかった。結局、彼女はスコットランドに戻ったと考えるのが妥当だと思われるが、しかし居住者名簿に記載された一八九七年を最後に、すべての記録から彼女の名前が消えてしまったのは何故だろう？　この年、遠く離れた日本では、四十一歳になった川田龍吉が横浜船渠会社の初代社長に就任した。彼は明治日本の重責をになう人物として登場し、彼女はスコットランドの霧の中に姿を隠し、消えてしまった。

ジニー追跡はこのようにして終わった。アレクサンダーとの結婚によって彼女のサンダーランドでの生活は豊かさと安定が得られたようだ。そしてスコットランド人の伴侶と暮らすことで彼女はグラスゴーの日々を思い出し、ホームシックを乗り越えられたかもしれない。フレデリック街の家での暮らしはイザベラに助けられ、アレクサンダーのビジネスも手助けできた。彼は行商人であり、旅に出ることが多かったから、ジニーはイザベラと静かに暮らせた。子供はいなかったらしい。ある時期に年老いたエリザベスがグラスゴーからやってくる。ジニーが結婚する前だろうか、それとも一八九〇年代の初めだろうか。やがてエリザベスの健康は害われ、一八九四年に六十七歳で亡くなる。アレクサンダーもこの頃、すでに病に苦しんでいたかもしれない。すべての財産をジニーに遺す遺言を書いている。彼は二年後、一八九六年に四十九歳で死亡する。二人の結婚から約一〇年後だった。彼女は三十二歳で未亡人となり、相当な財産を引きついだ。一八九七年までフレデリック街に住んでいたが、間もなく、どこかへ引っ越す。その後、ジェーン・スコット、旧姓ジェーン・イーディーは行方不明となった。まだ、いくつかジニーを探す手がかりは残されているかもしれない。しかし時は流れ、時代は移った。調査はきわめて困難になっている。

エピローグ

洗礼を受ける川田龍吉（右端）
（昭和 23〔1948〕年、北海道トラピスト修道院）

『唐人お吉』に涙する龍吉

晩年、龍吉は西条八十が作詞した『唐人お吉』のレコードを聴いてしばしば涙した。孫たちはそんな祖父を見て、「おじいさまがまた泣いていらっしゃる」とささやきあった。龍吉には、自分もまたお吉と同じように恋人との仲を裂かれたという思いがあったのだろう。

駕籠で行くのはお吉じゃないか
下田港の春の雨　泣けば椿の花が散る
沖の黒船さぎりで見えぬ　泣けば涙でなお見えぬ
泣くに泣かれぬ明け烏

（『唐人お吉の唄』昭和四年　西条八十作詞）

お吉は伊豆下田の娘で、彼女には二世を誓いあった恋人、鶴松がいたが、幕府役人によって仲を引き裂かれ、ハリスの妾にされた。お吉はわが身をはかなみ下田の川に投身自殺する。ジニーとの仲を裂かれた龍吉にとって、お吉の悲劇は我がことのように思えたのかもしれない。

龍吉は時おり金庫の奥から小箱を取り出し、ジニーの金髪を眺めただろう。金髪は龍吉にとってジニーその人だった。果たせなかった結婚の夢を追い、心のなかで彼女と睦みあった。

グラスゴーから帰国し、ジニーとの結婚が許されないと知ったとき、なぜ、彼はすべてを捨ててジニーのもとへ走らなかったのだろうか。もし、龍吉がサムライでなかったら、そうしたかもしれない。しかし、彼は幼いころからサムライとして育てられ、父、小一郎にサムライ魂を叩きこまれた。父の命令は絶対であり、父への反抗は許されなかった。それに長子である龍吉は、家長となる運命も背負っていた。二重、三重の苦しみの中で、龍吉はジニーとの結婚の約束を諦めざるをえなかった。しかし、その後の龍吉の人生の中でいつも彼の傍らに居り、彼をはげましてくれたのは、その金髪そのものであったかもしれない。

龍吉、九十二歳の受洗

昭和二十三（一九四八）年の夏、龍吉は突然カトリックの洗礼を受けたいと、人々に告げる。それを聞いた家族や当別の村人たちは驚いた。九十二歳の高齢者が受洗し、カトリック教徒になったという例をこれまで聞いた人はいなかった。龍吉が死を目前にして改宗を決意したのは何か理由があるはずだった。しかし彼は何も語らなかった。村人たちは彼が天国で神に導かれ、娘や妻に再会したいのだろう、と噂しあった。というのも、末娘の季子は修道女だったし、妻、春猪も晩年キリスト教を信仰していたからである。

昭和二十三年七月、龍吉は丘の上のトラピスト修道院で洗礼を受けた。信徒名をヨセフと名づけられ、信仰の道に入った龍吉は祈りとともに日々を過すようになる。人が変ったように穏やかになった龍吉を、家人や友人はおどろきの目でみつめた。洗礼を受けた龍吉は最後に安らぎを得たようだった。

かつてジニー・イーディーは「あなたがイエス・キリストに心を捧げないことで何を失っているか知ってくだされればとおもいました。私のいとしいリョウ、このことについては真剣に考えなければなりませんよ。それだけの価値のあることを私が保証しますわ」(一八八四年五月二十五日付)といった。

昭和二十六(一九五一)年二月。静かに雪の降る日。龍吉は家人や村人に見守られながら当別の農場で静かに息を引きとった。享年九十五。遺骸はトラピスト修道院の墓地に葬られた。龍吉の死後、遺族によって金庫が開かれたが、二十七年前に、息子吉衛が見たジニーの金髪の入った小箱は見当らなかったという。ジニーの金髪は龍吉の死とともに、どこかへ消えた。昭和五十二(一九七七)年に、川田家から農場を引き継いだ木村正夫によって発見された手紙は、龍吉の遺した古い金庫とともに、いまも北海道の男爵資料館で大切に保存されている。

異文化間に花ひらくジニーの恋文

ジニーはアレクサンダーと結婚した後、フレデリック街の暮らしの中で、龍吉との日々を思い出したことだろう。かつてジニーは手紙にこう書いた。

「毎週、土曜日になると、あの古い店に来たのを覚えていますか? 私もあなたがいつ来るか、ちゃんと分かっていました。たまたま、あなたが来なかったりすると、とてもがっかりしました。会いたくてたまりませんでした。ああ、あの頃は何て幸せだったのでしょう。あの時のことを思い出すと何ともいえない、胸を締めつけられるような気持がこみあげてきます。もう一度、あの日々が戻ってくればよいのに」

（一八八四年五月四日付）

ジニーと龍吉の恋は、ヴィクトリア時代のグラスゴーで、社会・文化・宗教の壁をこえ、異質の文化背景をもつ二人の間に花ひらいた。ジニーの手紙には感情があふれ、読者の心の琴線に触れる。ジニーが貧しい人に与えた同情心や共感は、一二〇年を経た今でもわれわれの心に伝わってくる。

明治時代、アメリカやヨーロッパに留学した多くの日本人留学生は、彼らと同じように恋を体験した。よく知られた例では森鷗外とエリス、尾崎三良とバサイア・モリソン、南貞助とエリザ・ピットマンなどがあり、その足跡をたどることができる。しかし、ヴィクトリア時代の日常生活の中で、彼らがどう対応し友情や愛を育んだのか、この時代の社会的束縛に対し、彼らがどう立ち向かったのか、といった点が照らし出された記録は、皆無に近い。ジニー・イーディーの手紙が珍しいのは、その答が見出せる点にある。

明治のサムライ、川田龍吉

晩年の龍吉と親交のあった函館のハム職人、カール・レイモンはつぎのように語っている。

「私たちは英語と日本語をごっちゃに使っていろいろなことを話しあいましたが、互いに同じ考え方で北海道の開拓に当たっている気持がよく理解できて、ひじょうに愉快でした。そのころ、川田さんと私のリレーション（関係）は兄弟のようなものでした。とにかく北海道を愛し、よい牛や畑をつくるのを楽しみに生きためずらしい男爵だったとおもいます。川田さんのように広く物事を考える日本人に、私はその後、会ったことがありません。あの人はほんとうに、世界国民ともいうべき人でした。」

頑固でごう慢ではあったが、反骨精神にあふれ信念にみちた男だった川田龍吉。龍吉もまた他の留学生と同じように、スコットランドで身につけた技能を生かし、今も横浜のランドマークタワーの下に見られる二つのドックを造り、近代日本の国家建設に貢献した。しかし彼の功績はそれだけにとどまらない。スコットランドで見たジャガイモ畑の思い出が、彼を先駆的な近代農業に向かわせ、その結果が〝男爵薯《いも》〟の誕生となった。富や名声より農業への愛が彼を駆りたてたが、何よりも、未来を築くことに取りつかれた男、という点で、彼もまた明治のサムライだった。

龍吉の心の中には、グラスゴーでの日々がいつまでも残っていた。それはレンフリューやポーロック街の記憶であり、マクギーチの店やその時代に会った人々との思い出だった。とりわけ、ジニー・イーディーとのみじかくも熱い恋情の思い出の一齣一齣だったにちがいない。

完

注

プロローグ　小箱の秘密

（1）**ロッキード事件**　米国ロッキード社が航空機の売り込みに関し、日本の政界に多額の賄賂を贈った疑獄事件。田中角栄元首相らが逮捕された。

（2）**渡辺　實**『近代日本海外留学生史　上』。

（3）**尾崎三良**（一八四二―一九一八）　山城国生まれ。一八六八年ロンドン留学、一八六九年バサイア・モリソンと結婚。一八七三年帰国。一八八〇年、ロシア公使館一等書記官、同年バサイアと離婚。

（4）**南　貞助**（一八四七―一九一八）　長州藩士、高杉晋作の甥。一八六五年から七三年までロンドン大学留学。英国最初の和文新聞発刊にかかわったのち、エリザ・ピットマンと結婚。香港の日本領事をつとめた。

1　激動の時代

（1）**長宗我部氏**　土佐の豪族。元親のとき四国を統一、豊臣秀吉の四国征伐に降伏し土佐国を安堵された。

（2）**堀田正睦**（一八一〇―六四）　下総国佐倉藩主。安政二年、老中阿部正弘の推挙により老中首座に就任。

（3）**徳川斉昭**（一八〇〇―六〇）　幕末の水戸藩主。藩校弘道館の設立、鉄砲鋳造、兵制改革に努力した。外国船の日本沿岸への接近で幕府に意見封事を提出した。

松平慶永（一八二八―八〇）　幕末の福井藩主。ペリー来航後、海防・攘夷を主張、大老井伊直弼と対立。のちに公武合体策をすすめた。

山内豊信（一八二七―七二）　幕末の土佐藩主、号は容堂。藩政改革をおこない、洋式軍備の採用をはかった。公武合体策をすすめ、のち徳川慶喜に大政奉還を建白。

（4）**鹿持雅澄**（一七九一―一八五八）　土佐生まれ、江戸後期の国学者。「万葉集古義」を集大成した。

（5）**佐々木高行**　通称三四郎（一八三〇―一九一〇）　土佐藩士、幕末明治前期の政治家。上士出身の尊攘派として土佐藩内の保守派と勤王党の間にたって活動。維新後は明治新政府に名をつらねた。

（6）**後藤象二郎**（一八三八―九七）　土佐藩士、幕末明治の政治家。藩主山内豊信に登用されて藩政の中心となり、その後坂本龍馬の影響をうけ土佐藩をして幕府に大政奉還を建白した。維新後、明治親政府の高官を歴任。

（7）**板垣退助**（一八三七―一九一九）　土佐藩士、明治の政治家。一時、乾姓となるが後に板垣姓に復した。戊辰戦争に参加、会津攻略に功績があった。明治親政府の参議となるが征韓論に敗れて下野。愛国公党をおこし民選議院設立建白書を提出。高知に立志社を設立し自由民権運動のさきがけとなった。

（8）**広瀬宰平**（一八二八―一九一四）　近江出身、明治の実業家。長年住友家に仕え、別子銅山支配人のあと住友家筆頭番頭となる。その後、大阪商法会議所、大阪商船会社を創設した。

（9）**三条実美**（一八三七―九一）　京都出身、幕末、明治前期の政治家。尊王攘夷運動の先頭にたち朝廷の国事掛に就任するが、政変で長州へ逃れる。王政復古とともに官位を復旧、議定となり、副総裁、右大臣、太政大臣を歴任、明治政府の中心として国家建設に尽力した。

（10）**岩倉具視**（一八二五―八三）　京都出身。幕末、維新の公卿・政治家。倒幕を志し諸藩志士と通じて大久保利通らと王政復古を画策。維新政府樹立後は参与、議定、副総裁など歴任。廃藩置県を断行して右大臣となる。特命全権大使として欧米に渡り、条約改正交渉にあたった。

（11）**岩崎弥太郎**（一八三四―八五）　土佐生まれ。明治初期の実業家、三菱財閥の創業者。後藤象二郎に抜擢され、藩の通商をつかさどり、海援隊にも参加。三菱商会を起こし、三井とともに明治以降の財界を二分した。

（12）**近藤廉平**（一八四八―一九二一）　徳島県生まれ。明治、大正の実業家。大学南校卒業後、三菱会社に入り川田小一郎の下で経営合理化を推進。日本郵船設立後、同社東京支配人をへて社長となる。

2 海を渡った留学生

（1）**松山棟庵** 和歌山県出身。一八五八年京都で蘭学を修めたあと、六二年和歌山で医院を開業。一八六六年慶応義塾に入塾、英学を学ぶ。一八六八年横浜で米国人医師ヘボンに医学を学び、一八七三年慶応義塾医学所校長就任。のち、東京慈恵会病院の創設にかかわった。

（2）**ヘンリー・ロブニッツ** 一八〇〇年代スコットランド、グラスゴーの造船技術者、経営者。デンマーク、コペンハーゲン出身。一八四七年、ヘンダーソンが創設した西レンフリュー造船所に見習技師として入所。一八七四年パートナーとなり、一八八〇年からロブニッツ・カルボーン造船所のオーナーとなった。

（3）**山尾庸三**（一八三七—一九一七） 長州藩士。一八六三年に渡英し、ロンドン大学に学ぶ。のちグラスゴーへ移り、ネイピア造船所に徒弟として入所、造船技術を習得した。維新後、帰国し、法制長官を務めた。工部省の設置を提言、わが国の盲唖教育に先鞭をつけた。

（4）**谷口直貞** 一八七六年文部省第二回派遣留学生。十七歳のとき渡英しグラスゴー大学に入学。土木機械工学を専攻し優秀な成績を修めた。帰国後、東京職工学校教授、帝国大学工科教授を歴任。
増田礼作 文部省第二回派遣留学生。十八歳で渡英しグラスゴー大学に入学。土木機械工学を専攻、ウオーカー賞を受賞した。一八八一年に帰国。工部権少技長をへて日本鉄道会社技師長となり東京青森間の鉄道を敷設した。

（5）**高山直資** 工部大学卒、グラスゴー大学で土木機械工学を専攻。ウオーカー賞、ハーヴィー賞受賞。一八八四年、帰国後、工部大学助教授をへて帝国大学工科教授となるが八六年三十一歳で死去。
志田林三郎 工部大学卒業後、グラスゴー大学留学。電信学を専攻し、クリーランド金賞を受賞。一八八三年帰国後、工部省技師をつとめ、帝国大学工科教授をへて工務局長となる。わが国最初の電話機を製造、電信設備の開発に貢献した。

田中館愛橘（一八五六―一九五二）　岩手県出身。物理学者、ローマ字論者。東京大学理学部卒業、同大学助教授をへて、八八年グラスゴー大学に留学し物理学を研究した。九一年の濃尾大地震の後、震災予防調査会の中心となり活動。日本の地磁気測定に大きい業績をのこした。

渡辺嘉一　一八八三年工部大学卒。鉄道局に入った後、グラスゴー大学へ留学、機械工学を専攻。同大学卒業後、スコットランド・バーカー建設会社の設計技師として鉄道の橋梁を設計。八八年、帰国し、日本土木会社技術部長、参宮鉄道技師長をへて北越鉄道、東京電気鉄道の建設に尽力した。

（6）上野景範（一八四四―八八）　明治初期の外交官、薩摩藩士。維新後、外国事務御用掛をへて弁務使・全権公使として欧米諸国に駐在。

（7）石川七財（一八二八―八二）　明治前期の実業家。土佐出身。川田小一郎とともに岩崎弥太郎を助け、三菱財閥の創設に尽力した。

（8）久米邦武（一八三九―一九三一）　明治の歴史学者。佐賀藩士。佐賀藩政改革に参加、弘道館教授。維新後、岩倉遣外使節に随行。東大教授、「神道は祭天の古俗」を発表、筆禍により官を辞す。

（9）近藤滋弥　日本郵船社長、近藤廉平の三男。一九〇五年にグラスゴー大学へ入学、造船学を学んだ。

（10）ジェームズ・ワット（一七三六―一八一九）　イギリスの技師、発明家。スコットランド生まれ。一七七四年、ボールトンと協力し蒸気機関の改良に成功。往復機関、調速機などを発明した。

（11）Clydebuilt Database 2001 : List of Clyde Shipbuilders and Shiprepairers, West Renfrew Shipyard, List of References.

（12）ウィリアム・ランキン（一八二〇―一八七五）　スコットランドの工学者、物理学者。熱力学を蒸気機関に応用。ランキンサイクルの考えを提唱。機械、造船、土木など諸分野に貢献。

ウィリアム・トムソン（一八二四―一九〇七）　イギリスの物理学者。熱力学の第二法則を研究し、絶対温度目盛を導入。海底電信の敷設を指導し、多くの電気計器をつくった。

3　花ひらく恋

（1）**ペイシェンスオペラ**　ギルバート&サリバンによるポピュラー・ミュージカル「ペイシェンス」は一八八一年、ロンドンのオペラコミックにおいて初演され、のちサヴォイ劇場に移されて八二年まで五七八回、上演された。「ペイシェンス」とは女性の名称。

4　たそがれの霜

（1）**福沢諭吉**（一八三五―一九〇一）　思想家、教育家。豊前中津藩出身。緒方洪庵に蘭学を学び、江戸に蘭学塾を開く。また英学を修め幕府使節に随行、三回欧米に渡る。一八六八年、慶応義塾を創設。のち「時事新報」を創刊し、脱亜入欧、官民調和を唱えた。

森有礼（一八四七―一八八九）　政治家、薩摩藩士。欧米をめぐり明六社を設立。文相となり学校令の公布など教育制度の改革をはかったが、欧化主義者であるとして国粋主義者に暗殺された。

（2）**トライフル**　スポンジケーキにジャムと砕いたマカロンをのせ、ラム酒をふりかけた洋菓子。

（3）**サンダーランド**　イングランド北東部、タイン&ウエア州の都市。

5　サンダーランドの春

（1）**蓑作麟祥**（一八四六―一九七）　法学者、津山出身。洋学を修めて幕臣に列し、明治政府の下では司法次官、行政裁判所長官など歴任。民法、商法の起草に尽力した。

（2）**ベネディクト・ビスコップ**（六二八―六八九）　英国のベネディクト会修道士。ローマへ五回におよぶ巡礼の旅で書籍、絵画を収集、ウエアマウスに僧院を建てた。のちにタイン河口の港町、ジャーローにも僧院を開いた。

（3）**ジョン・ビドル**（一六一五―六二）　英国の神学者。英国におけるユニテリアン派教義の創始者。

ジェームズ・マーティナウ（一八〇五―一九〇〇）英国生まれ、ノリッジで学んだあとユニテリアン派の牧師になり、一八四一年マンチェスターニューカレッジの道徳哲学の教授に任命された。おおくの著作により哲学者として名声を確立、カレッジの校長になった。

（4）**安部磯雄**（一八六五―一九四九）福岡生まれ。政治家、キリスト教社会主義者。アメリカ留学後、同志社教授、早大教授を歴任。社会民主党、社会民衆党を組織した。また野球の振興に貢献。

6　虹を追って

（1）黒い犬（Black dog）には憂鬱症の意味がある。

（2）**ダラム**　サンダーランドの南西六〇キロにある古い町。十一世紀に建てられた大聖堂で有名。

（3）**長老派教会**　プロテスタント教会の一派。監督制度を廃し、教職と長老職の同権をとなえ、長老は神の言葉の宣布者であるとする。

（4）**ロズシー**　クライド河口、ビュート島の保養地。

（5）**水兵ラディー**　スコットランド沿岸に住む女性が恋人によびかける愛称。

（6）**ベックトン**　イーストロンドン、テムズ川左岸の地域。

（7）**フェンチャーチ通り**　ロンドン塔の北方を東西にのびる通り。

（8）**カードナルド**　クライド川左岸、グラスゴーとレンフリューの中間に位置する町。

（9）**メアリーヒル**　グラスゴーの北西、五キロにある町。

（10）**馬場辰猪**（一八五〇―一八八八）高知生まれ。政治家、思想家。慶応義塾に学び、自由党員として民権思想の普及に努力。投獄されたが、釈放後渡米して客死。

小野　梓（一八五二―一八八六）土佐出身。政治家、政治学者。大隈重信をたすけ、立憲改進党結成。東京専門学校設立に参加。自由主義的啓蒙家でもあった。

（11）**桜井錠二**（一八五八―一九五九）金沢生まれ。化学者。東大教授、理化学研究所副所長。帝国学士院長。

（12）**ギルバート&サリヴァン**　サー・ウイリアム・ギルバート（一八三六―一九一一）は英国の劇作家、サー・アーサー・サリヴァン（一八四二―一九〇〇）は英国の作曲家で、サヴォイ・オペラとして知られる喜歌劇でギルバートの台本とサリヴァンの作曲により上演された。

7　ドックから〝男爵いも〟へ

（1）**吉川泰二郎**（一八五一―一九五）大和生まれ。慶応義塾で英学を修めたのち郵便汽船三菱会社に入社。のち日本郵船社長になる。オーストラリアへの移民に尽くした。

近藤廉平（一八四八―一九二一）徳島生まれ。大学南校を卒業後、三菱会社に入り、川田小一郎の下で経営合理化を推進。日本郵船設立後、東京支配人をへて同社社長となる。

（2）**原 善三郎**（一八二七―九九）武蔵生まれ。実業家。横浜に生糸問屋を開く。貿易商社頭取を務め、輸出生糸の品質改良に貢献。横浜商法会議所会頭、横浜蚕糸販売業組合長を歴任。

来栖壮兵衛（一八五五―一九一七）東京生まれ。貿易商。横浜貿易商組合に入り横浜港改良を主導した。横浜船渠会社支配人をへて同社専務取締役に就任。

（3）**大倉喜八郎**（一八三七―一九二八）越後生まれ。戊辰戦争以後、軍御用商人。大倉組を起こして輸出入業、土木鉱山業を創め、大倉財閥の基礎を確立した。

渋沢栄一（一八四〇―一九三一）武州生まれ。初め幕府に仕え、維新後大蔵省に出仕。のち、第一国立銀行を経営。製紙、紡績、保険、鉄道など多くの企業設立に関与。財界の大御所として活躍。

浅野総一郎（一八四八―一九三〇）日本セメント業の先駆者となり、浅野財閥を築いた。

（4）**恒川柳作**（一八五二―一九一四）横須賀造船所で船渠築造の技術をヴェルニーに学ぶ。横須賀造船所第二号船渠をはじめ、呉海軍工廠第一号船渠、佐世保海軍工廠第一号船渠を手がけた。

（5）**小松石**　安山岩の一種。

あとがき

ジニーの手紙は昭和五十四(一九七九)年、テレビ取材で北海道渡島当別の旧川田農場を訪れたとき、管理人の木村正夫氏から見せていただいた。当時、木村氏は川田龍吉の遺品や古い西洋農機具を整理し、小さな博物館を開く準備をすすめていたが、手紙はその過程で発見された。

手紙は九〇通ちかくあり、きわめて個人的な内容だったが、読みすすむにつれて龍吉を想うジニーのいじらしさが胸にせまり、感動した。恋は国を超え、文化の壁を乗り越えた人間の普遍的な営みであることをジニーの手紙は物語っていた。

その後、日英交流史の研究者アンドリュー・コビング氏との出会いがあり、ジニーの手紙について話したところ彼は手紙に強い関心を示した。コビング氏はこれまでの日英交流史の研究の中でもこれほど詳細な手紙を目にしたのは初めてであり、きわめて珍しい個人記録だと語った。私たちは龍吉とジニーの交流の物語を世に出すため、共同作業をはじめた。

手紙は一八八三年から八四年まで約一年半におよぶ二人の交際をとおして交わされた往復書簡だが、龍吉の送った手紙はどこにも遺されていない。手紙を通じて彼らが交わした対話を知るには双方の手紙が必要となるが、それは不可能であるため、手紙と手紙の間に龍吉が書き送ったとみられる内容を推測してコメントし、全体を結び合わせた。

本書の実現にあたって多くの方々からご協力を得た。
川田龍吉の写真、史料をご提供いただいた川田雄基《ゆうき》氏、男爵資料館・木村孝二《こうじ》氏、木村正夫《まさお》氏（故人）。龍吉についての貴重な証言を賜った川田清一《せいいち》氏、川田荘八《そうはち》氏、天野道雄《あまのみちお》氏（故人）。幕末土佐についてご教示いただいた広谷喜十郎《ひろたにきじゅうろう》氏。北海道関係の資料をご提供いただいた舘和夫《たてかずお》氏、竹内正巳《たけうちまさみ》氏。ジニーの調査を担当されたグラスゴー大学、マイケル・モス氏。英国での取材にご協力いただいた矢島光明《やじまみつあき》・一美《かずみ》さん。ミツイ・バブコックス、スチュアート・キャメロン氏。郷土史家、ベリル・コビングさん。ジネオロジスト、ドミニック・ジョンソンさん。アシスタント、伊丹桂さん。そして、ジニーの手紙を翻訳してくださった米山《よねやま》リサさん、礒江節子《いそえせつこ》さん。本書の実現のためご助力いただいた高取利尚氏。さらに、出版にあたってご指導、ご尽力を賜った、藤原書店の藤原良雄氏、刈屋琢氏。多くの人々のご助力に深く感謝し、御礼申し上げます。

二〇〇五年六月

著者を代表して
伊丹政太郎

川田家系図（太字は登場人物）

川田小一郎《こいちろう》（一八三六—一八九六）
岡上美津（一八三八—一九一八）

- 長男　**龍吉**（一八五六—一九五一）
- 次男　**太米吉**《ためきち》（一八五八—一九一〇）
- 三男　**豊吉**《とよきち》（一八七〇—一九五〇）
- 長女　愛（一八八〇—一九〇〇）
- 四男　久米吉（一八八三—？）
- 次女　鈴（芝小路）（一八八五—一九五四）
- 五男　象吉（一八八六—？）
- 六男　健吉（一八八七—一九二九）
- 七男　養吉（一八八八—一九〇八）
- 三女　静子（一八九〇—？）
- 四女　貞子（一八九一—一九一〇）
- 五女　道子（一八九二—一九〇八）
- 六女　浦子（土屋）（一八九三—一九七二）

龍吉
楠瀬春猪（一八七〇—一九三九）

- 長女　常（一八八八—？）
- 長男　吉郎（楠瀬）（一八八九—一九五四）
- 次男　**吉雄**《きちお》（一八九五—一九二三）
- 三男　吉三（一八九八—？）
- 四男　**吉也**《きちや》（一八九九—一九八八）
- 次女　縫子（一九〇〇—一九〇五）
- 五男　**吉衛**《きちえい》（一九〇三—一九四六）
- 三女　季子（一九〇五—一九四四）

イーディー家系図（太字は登場人物）

マーガレット・ワイル（一八〇一―？）＝ジョン・イーディー（一八〇一―？）

- 長女　ロザンナ（一八二三―？）
- 長男　アレクサンダー（一八二四―？）
- 次男　**ジョン・イーディー**（一八二七―？）＝**エリザベス・ハミルトン**（一八二七―一八九四）
  - 長女　**ジェーン（ジニー）**（一八六四―？）＝**アレクサンダー・スコット**（一八四七―一八九六）
  - 次女　エリザベス（一八六六―？）
  - 三女　エリザベス（一八六八―？）
- 三男　デイヴィッド（一八三〇―？）
- 次女　マーガレット（一八三三―？）
- 四男　ジェームズ（一八三五―？）
- 三女　ジェーン（一八三八―？）
- 五男　レズリー（一八四一―？）
- 六男　ロバート（一八四三―？）

川田龍吉&ジニー・イーディー関連年表 1856-1978

	川田龍吉&ジニー・イーディー関連事項	世界の主な出来事
一八五六（安政3）	**龍吉、土佐杓田村で郷士川田小一郎、美津の長男として生れる。**	
一八五八（安政5）	小一郎二男、太米吉誕生。	幕府、日米修好通商条約に調印。安政の大獄
一八六〇（万延元）		桜田門外の変
一八六一（文久元）	土佐勤王党結成	
一八六二（文久2）	この頃、小一郎、参勤交代の荷役を北山超えで差配。龍吉、寺小屋に学ぶ。	
一八六三（文久3）	土佐藩、土佐勤王党を弾圧	薩英戦争
一八六四（元治元）	この頃、龍吉、高知の私塾に入塾。**ジニー・イーディー、グラスゴーに生れる。**	四国艦隊、下関を砲撃
一八六六（慶応2）	土佐開成館、落成	薩長同盟
一八六七（慶応3）		大政奉還。王政復古
一八六八（明治元）	小一郎、伊予別子銅山の接収を命じられる。	戊辰戦争。五ヵ条の誓文
一八六九（明治2）	版籍奉還、土佐藩解体。岩崎弥太郎、開成館大阪商会へ転勤。	
一八七〇（明治3）	開成館大阪商会を藩営より分離、九十九商会と改称。小一郎、土佐藩陣屋詰めとなり、岩崎弥太郎を知る。この頃、龍吉は高知を離れ、大阪土佐藩邸の英語塾に学ぶ。三男、豊吉誕生。	
一八七一（明治4）	九十九商会を三川商会と改称。	廃藩置県
一八七三（明治6）	三川商会を三菱商会に改称。	
一八七四（明治7）	三菱商会、東京へ移転。龍吉、慶応義塾医学所に入塾。	台湾出兵
一八七五（明治8）	龍吉、慶応義塾医学所を退塾。三菱製鉄所創設。ヘンリー・ロブ	

	ニッツ来日。龍吉、佐々木高行の書生となる。	
一八七七（明治10）	三月、**龍吉、造船実習のため渡英。**七月ロンドン到着後、グラスゴーへ。レンフリュー、ロブニッツ造船所に造船留学。	西南戦争始まる
一八七八（明治11）	龍吉、グラスゴー大学工学部、短期コースに入学。	
一八七九（明治12）	グラスゴー大学、短期コースを修了。ロブニッツ造船所に戻る。	
一八八三（明治16）	一月、**龍吉はマクギーチ書店でジニーに出会う。**二人は頻繁に文通を交わすようになり、デートを重ねる。 六月頃、龍吉はジニーにプロポーズ。 七月、グラスゴー郊外の保養地、カードロスにともに遊ぶ。 秋頃、龍吉はグラスゴーの日本人留学生との親交を深める。とくに九里龍作、磯野計と親しかった。	
一八八四（明治17）	一月末、ジニーはグラスゴーを離れ、イングランド北東部、サンダーランドへ転居。エルヴィンテラスの下宿に落ち着く。スミス書店に勤務。その翌月、結婚を承諾する旨の手紙を龍吉に送る。 三月、三菱の新造船「横浜丸」がグラスゴーで進水。同月、ジニーは金髪を龍吉に送る。 五月、龍吉の造船実習、修了。ロブニッツ造船所から技術証明書を受取る。六月、ジニーはグラスゴーへ帰り、龍吉に会う。 **六月、龍吉は帰国のため横浜丸に機関士として乗船、グラスゴーを離れる。**ロンドン寄港後、八月、横浜港到着。 帰国後、父・小一郎にジニーとの結婚を懇願するが、拒否される。 同年九月、龍吉、三菱製鉄所機械士に任命される。	
一八八五（明治18）	郵便汽船三菱会社と共同運輸会社が合併し、日本郵船会社が創設。 二月、三菱創始者、岩崎弥太郎死去。八月、龍吉、「新東京丸」に三等機関士として乗船。十二月、「薩摩丸」に異動。十二月、東京、	赤痢、腸チフス、コレラなど伝染病が全国に流行

	牛込大曲に川田家本邸が落成。	
一八八六（明治19）	龍吉、「薩摩丸」を下船。ジニー、サンダーランドにおいて服地商人、アレクサンダー・スコットと結婚。フレデリック街に住む。	
一八八七（明治20）	龍吉、土佐郷士楠瀬斎民の長女、春猪と結婚。	
一八八八（明治21）	龍吉、日本郵船会社、製図掛に任命される。	
一八八九（明治22）	龍吉、同社機関監督助役に抜擢。小一郎、第三代日銀総裁に就任。六月、横浜船渠会社の創設発起人会が開かれる。	
一八九一（明治24）	神奈川県より、会社設立認可が下りる。	
一八九二（明治25）	龍吉、横浜在勤を命じられる。	
一八九三（明治26）	横浜船渠会社、第二回創設発起人総会開催。設立委員に龍吉の参加が決定。龍吉は専務取締役に任命され、造船所建設の責任者になる。ドック設計書が海軍技師、恒川柳作により完成。起工準備始まる。	
一八九四（明治27）	ジニーの母、エリザベス、サンダーランドで死去。	日英通商航海条約調印 日清戦争勃発
一八九五（明治28）	2号ドック築造開始。龍吉二男、吉雄誕生。	下関条約
一八九六（明治29）	川田小一郎死去。龍吉、父の爵位を継ぎ、男爵となる。2号ドック竣工。ジニーの夫、アレクサンダー・スコット死去。	
一八九七（明治30）	**龍吉、横浜船渠会社の初代社長に就任。**1号ドックの築造を開始。	
一八九九（明治32）	1号ドック完成。開渠式を挙行。	
一九〇〇（明治33）	龍吉、軽井沢に農地二〇〇町歩を購入、農業経営を始める。	
一九〇一（明治34）	ロコモビル蒸気自動車を購入、日本最初のオーナードライバーに。	ヴィクトリア女王没
一九〇二（明治35）		日英同盟調印
一九〇三（明治36）	龍吉、横浜船渠会社の社長を辞任。五男、吉衛誕生。**軽井沢農場の営農、本格化。**	

一九〇五（明治38）	戦後不況のため函館船渠、経営危機になる。	日露講和条約締結
一九〇六（明治39）	龍吉、豊吉を伴い、**函館船渠会社**の状況を調査。**龍吉、同社専務取締役に就任**。函館郊外、七飯村に農地九町歩を購入。	
一九〇七（明治40）	八月、函館市に大火、市街の過半数が焼失。龍吉、英、米の種苗商に各種、種いもを注文。	
一九〇八（明治41）	英、米から種いもが到着。七飯農場に播種。その種いもの中に後に「男爵いも」と命名されるアイリッシュ・コブラーが含まれていた。	
一九〇九（明治42）	函館ドックの船台、台風により破壊され、同社は経営危機に陥る。龍吉、渡島当別の山林原野一四〇〇町歩を取得。	
一九一一（明治44）	龍吉、函館船渠会社専務取締役を辞任。	
一九一二（大正元）	渡島当別に恒産組を設立、農場づくりにとりかかる。	
一九一四（大正3）		第一次世界大戦勃発（〜18）
一九一八（大正7）	二男、吉雄、英国留学から帰国。農場経営にあたる。	
一九二一（大正10）	吉雄、肺結核のため鎌倉に転地し療養。	
一九二三（大正12）	吉雄死去。五男、吉衛、農場の経営を引き継ぐ。	関東大震災
一九二四（大正13）	新牛舎完成。	
一九二八（昭和3）	**男爵いも、北海道の奨励品種に指定。**	
一九三七（昭和12）		日中戦争始まる（〜45）
一九三九（昭和14）	妻、春猪死去。	第二次世界大戦勃発（〜45）
一九四六（昭和21）	五男、吉衛死去。	
一九四八（昭和23）	**龍吉、トラピスト修道院で洗礼を受ける**（信徒名をヨセフ）。	
一九五一（昭和26）	**二月、川田龍吉、老衰により渡島当別の自宅で死去。享年九十五。**	サンフランシスコ講和会議
一九七七（昭和52）	**旧川田農場農業倉庫でジニー・イーディーの手紙が発見される。**	
一九七八（昭和53）	川田龍吉の遺品館「男爵資料館」が北海道上磯町当別に開館。	

『三菱の百年』三菱創業百年記念事業委員会，1970
『横浜船渠株式会社史稿』第二編，第六編

■文書・日記

「川田龍吉海外渡航身分証」（明治10年3月5日発行）川田雄基，1877
「川田龍吉技術証明書」川田雄基，1884（"Certificate of Engineering" Lobnitz Renfrew Scotland, 24th May 1884）
「川田龍吉グラスゴー大学在学証」川田雄基，1878（"Certificate of Engineering Department, Unibersity of Glasgow", from 11th November 1878 till 1st May ）
「川田龍吉日記」（昭和7 —昭和24）男爵資料館，1949
「川田龍吉略歴資料」川田雄基，1977

■新聞・雑誌・論文

天野道雄「北海道最初ノ自動車ト川田龍吉」（『造船木材』No35），1969
今井信孝「川田龍吉物語」①－⑤（『日本海運倶楽部会報』），1977
小島直記「財界反骨伝　殴られた男たち」（『中央公論』）
千歳　篤「川田男爵について」（『函館郷土史研究会講演集』函館図書館），1968
広谷喜十郎「史料・観水懐旧録にみる高知の風俗」（『土佐民俗』33），1977
広谷喜十郎「海運王岩崎弥太郎の青年時代」（『地域文化研究』4月），1982
丸山義二「手かご一杯の種イモ」（『家の光』5月1日），1957
宮崎峰太郎「日本最初の自動車」（『汎交通』61巻3号），1961
宮澤春水・吉野至徳「男爵薯の来歴及び特性」（『農業及び園芸』 8巻1号），1931
宮原安春「霧のロンドン　国際結婚第一号はなぜ秘匿された」（『ＡＥＲＡ』9月15日），1992
山尾信一「長州藩士渡英秘話」（『防長倶楽部会報』），1997
「消費と生産から見たこれからの食生活」（『北海道新聞』昭和52年10月30日），1977
「ばれいしょ統計」農林水産情報センター函館統計情報事務所，2001

"Avenue" No. 11, The Magazine for Graduate and Friends of University of Glasgow, January 1992 : UNIVERSITY of GLASGOW. 1991.
Memories of the Clyde, *Duchess of Fife 1903 / 1953* : Hart, Maclagan & Will. 1986.
Ordnance Survey Maps, *Pollokshields 1894* : The Godfrey Edition. 1985.
"Talkback" No. 20, December 2001 : Mitsui Babcock. 2001.
"The Tenement House" : The National Trust for Scotland.

渡辺　實『近代日本海外留学生史　上』講談社，1977
『書の日本史7　岩崎弥太郎書簡』平凡社，1975
『土佐偉人伝――川田小一郎』，1978

John Fyfe Anderson, *Renfrew in old Picture Post Cards* : European Library. 1986.
Thomas Annan, *Old Closes and Streets of Glasgow* : Dover Publications, Inc. 1977.
Albert Edward Bailey, *The Gospel in Hymns* : Charles Scribner's Sons.
Ronald W. Brash, *Glasgow in the Tramway Age* : Longman Group Ltd. 1971.
Andrew Cobbing, *The Japanese Discovery of Victorian Britain* : Curzon Press. 1996.
Hugh Cochrane, *Glasgow - the first 800 years* : City of Glasgow District Council. 1975.
Tom Corfe, *Sunderland - A Short History* : Frank Graham.
Philip Curtis, *Sunderland A Century of Shopping* : The people's History Ltd. 1999.
Jean Faley, *Up Oor Close* : The Springburn Museum Trust and White Cockade. 1991.
Paul Harris, *Glasgow - The people's Story* : Lomond Books Ltd. 1996.
Jack House, *Glasgow - Old and New* : W & R Chambers Ltd. 1964.
Stuart Miller, *Something for You from Sunderland* : The people's History Ltd. 1996.
H. A. Moisley / G. Thain, *The Country of Renfrew* : Collins. 1962.
Frederik Mort, *Renfrewshire* : Cambridge, at the University Press. 1912.
Alastair Phillips, *Glasgow's HERALD1783 - 1983* : Richard Drew Publishing. 1982.
W. J. Reader, *Life in Victorian England* : B. T. Batsford Ltd, London. 1964.
James Scotland, *The History of Scottish Education* : University of London. 1969.
T. C. Smout, *A Century of the Scottish People 1830-1950* : Fontana Press. 1997.
Andrew Wallace, *Glasgow - Times Past* : Lang Syne Publishers Ltd. 1988.

■伝記・社史・町史など

『石川島播磨重工業社史』石川島播磨重工業株式会社，1991
『岩崎弥太郎伝』上・下巻，岩崎弥太郎・弥之助伝記編纂会，1967
『岩崎弥之助伝』上・下巻，岩崎弥太郎・弥之助伝記編纂会，1971
『大中山四百年史』野呂進編，大中山神社四百年記念協賛会，1976
『郷土資料事典　北海道・観光と旅』人文社，1976
『近代日本総合年表』岩波書店，2001
『慶応義塾百年史』慶応義塾，1958
『七飯町史』七飯町史編纂審議会，1976
『日本教育史資料』巻9
『日本銀行百年史　資料編』日本銀行百年史編纂委員会，1986
『日本郵船株式会社百年史』日本郵船株式会社，1988
『日本郵船百年史資料』日本郵船株式会社，1986
『三菱重工横浜製作所百年史』三菱重工業株式会社横浜製作所，1992
『三菱商事社史』上巻，三菱商事株式会社，1986

参考文献

■単行本

浅間和夫『ジャガイモ43話』北海道新聞社，1979

有賀　基『エンジン——産業社会の駆動力』日本経済出版社，1971

飯島啓二『近代スコットランドの成立』未来社，1987

石井　孝『明治維新と外圧』吉川弘文館，1993

石附　実『近代日本の海外留学史』ミネルヴァ書房，1972

犬塚孝明『薩摩藩英国留学生』中公新書，1974

井上　清『日本の歴史20　明治維新』中央公論社，1966

色川大吉『日本の歴史21　近代国家の出発』中央公論社，1966

植木　哲『新説　鷗外の恋人エリス』新潮社，2000

荻慎一郎・森公章・市村高男他『高知県の歴史』山川出版社，2000

尾崎三良『尾崎三良自叙略伝』中央公論社，1976

海原　徹『近世私塾の研究』思文閣出版，1993

北　政巳『国際日本を拓いた人々』同文社出版株式会社，1984

久米邦武『特命全権大使米欧回覧実記』田中彰校注，岩波文庫，1978

黒岩俊郎・玉置正美『産業考古学入門』東洋経済新報社，1978

小西四郎『日本の歴史19　開国と攘夷』中央公論社，1966

自動車工業会『日本自動車工業史稿（1）』1965

造船協会『日本近世造船史（明治時代）』原書房，1971

館　和夫『男爵薯の父——川田龍吉』男爵資料館，1986

館　和夫『男爵薯の父——川田龍吉伝』道新選書，北海道新聞社，1991

田村　明『都市ヨコハマをつくる』中公新書，1983

オリーヴ・チェックランド『明治日本とイギリス』杉山忠平他訳，法政大学出版局，1996

クリストファー・ヒバート『ロンドン——ある都市の伝記』横山徳爾訳，朝日新聞社，1997

福沢諭吉『新訂　福翁自伝』岩波文庫，2001

ロザリンド・ミスチン『スコットランド史——その意義と可能性』富田理恵訳，未来社，1999

森　於菟『鷗外全集1　鷗外と女性』岩波書店，1971

横浜開港資料館『横浜もののはじめ考』2000

横浜市企画局『国際港都横浜の都市づくり』2002

W・J・リーダー『英国生活物語』小林司・山田博久訳，晶文社，1994

サミュエル・リリー『人類と機械の歴史』伊藤新一他訳，岩波書店，1977

デーヴィッド・ワイズ『クラシックカー』高岸清訳，主婦と生活社，1973

ま　行

や　行

ら　行

わ　行

さ 行

た 行

な 行

は 行

人名索引

あ行

か行

著者紹介

伊丹政太郎（いたみ・まさたろう）

1936年，大阪生まれ。立命館大学人文学科卒。元・NHKディレクター。「森敦マンダラ紀行」（ETV特集）などを手がける。主な著作に『遠野のわらべ歌』（岩波書店，1992年）など。

アンドリュー・コビング（Andrew Cobbing）

1965年，英国・北アイルランド生まれ。九州大学日本史修士課程修了。元・九州大学留学生センター教授。著書に『幕末佐賀藩の対外関係の研究』（鍋島報效会，1995年），The Japanese Discovery of Victorian Britain (Macmillan, 1998)など。

サムライに恋《こい》した英国娘《えいこくむすめ》——男爵《だんしゃく》いも、川田龍吉《かわだりょうきち》への恋文《こいぶみ》

2005年9月15日　初版第1刷発行©

著　者　伊丹政太郎
　　　　A・コビング

発行者　藤原良雄

発行所　株式会社 藤原書店

〒162-0041　東京都新宿区早稲田鶴巻町523
電　話　03（5272）0301
FAX　03（5272）0450
振　替　00160-4-17013

印刷・製本　図書印刷

落丁本・乱丁本はお取替えいたします
定価はカバーに表示してあります

Printed in Japan
ISBN4-89434-466-1